Grenzwanderungen

Horst Ibetsberger, Hans Steyrer, Ewald Hejl
und Lothar Schrott
(Herausgeber)

Natur- und Kulturerlebnisführer der Universität Salzburg

Band 3

Verlag Dr. Friedrich Pfeil, München, 2013

Bibliografische Information der Deutschen Nationalbibliothek

Die Deutsche Nationalbibliothek verzeichnet diese Publikation
in der Deutschen Nationalbibliografie;
detaillierte bibliografische Daten sind im Internet über http://dnb.dnb.de abrufbar.

UNIVERSITÄT SALZBURG

Titelbild

Die Brücke über die Salzach zwischen Laufen und Oberndorf mit Blick zum Watzmann. – Foto: JOHANN PESCHL, Laufen.

Seite 1

Das Schild »Landesgrenze« befindet sich am Weißbach, dem Grenzfluss zwischen Großgmain (Salzburg) und Bayerisch Gmain (Bayern). Der südostbayerisch-salzburgische Grenzraum zwischen Hallthurm bei Berchtesgaden und der Einmündung des Weißbaches in die Saalach gilt als Schmuggelhochburg der Nachkriegszeit. Bedingt durch unterschiedliche Zölle und Steuersätze entstanden einflussreiche und international aufgestellte Schmugglerringe, die vor allem zwischen 1945 und 1954 agierten. Diese betrieben den Schmuggel von amerikanischen Zigaretten und Kaffee von Österreich nach Deutschland in großem Stil. Der Schwarzhandel diktierte die Gesellschaft der Grenzregion, da sich damit in kurzer Zeit viel Geld machen ließ. Den Ländern entgingen dadurch Milliardenbeträge an Zöllen und Steuern. Diese Zeit ist jedoch lange vorbei – im »vereinten Europa« bestehen Grenzen nur mehr auf dem Papier und so wird das Schild heute bereits von Efeu überwuchert.

Rückseite

Die Ausbruchstelle des Felssturzes am Kleinen Mühlsturzhorn (Bildmitte, am Gipfel). Von dort stürzten im September 1999 rund 200000 bis 250000 Kubikmeter Dachsteinkalk zu Tal (s. Seite 158). – Foto: EWALD LANGENSCHEIDT.

Copyright © 2013 by Verlag Dr. Friedrich Pfeil, München

Dr. Friedrich Pfeil, Wolfratshauser Str. 27, 81379 München

www.pfeil-verlag.de

Alle Rechte vorbehalten

Druck: PBtisk a.s., Příbram I – Balonka

Printed in the European Union

ISBN 978-3-89937-164-2

Inhalt

Vorwort

Wenn sich vier Erdwissenschaftler wie wir zusammensetzen und über die Entstehung der Welt diskutieren, werfen sie mit vielen Millionen von Jahren und mit Kontinenten und Ozeanen um sich – natürlich im übertragenen Sinn. Wir reden über Vorgänge, die sich viele Menschen nicht vorstellen können, weil sie so lange – oft Milliarden Jahre – zurückliegen oder weil sie so extrem langsam ablaufen. Können Sie sich etwa vorstellen, wie viel Zeit der Atlantik seit seiner »Öffnung« bis zu seiner heutigen Größe brauchte, wenn seine Wachstumsgeschwindigkeit ungefähr jener Ihrer Fingernägel entspricht? Manche Ereignisse in der Erdgeschichte, wie Meteoriteneinschläge oder große Vulkanausbrüche, sind etwas Besonderes und glücklicherweise so selten, dass auch wir nicht oft Gelegenheit haben, uns damit zu beschäftigen. In vielen dieser Fälle wäre das auch unsere letzte Aufgabe gewesen. Am großen Meteoriteneinschlag vor 66 Millionen Jahren sind sogar die bis dahin so erfolgreichen Dinosaurier gescheitert. Selbst ein winziger, kürzlich erfolgter Vulkanausbruch auf einer abgelegenen Insel mitten im Atlantik hat unser Leben für eine Weile ganz schön durcheinandergebracht, was wäre erst bei einem wirklich großen Ausbruch? Für Zündstoff in solchen mehr oder weniger erdwissenschaftlichen Diskussionen ist also gesorgt. Damit haben wir uns aber nach zwei Bänden »Natur- und Kulturerlebnisführer« nicht zufrieden gegeben – wir wollten auch weitere Aspekte unserer Umgebung einbinden und sind dabei buchstäblich an und auf Grenzen gestoßen, und diesmal nicht nur auf geologische. Wir haben Autoren um Beiträge gebeten, von denen wir der Meinung waren, dass diese in unser Buch über die »Grenzwanderungen« passen, und wir sind glücklich darüber!

Der vorliegende Band ist daher genau so vielfältig wie die Interessen seiner Autoren und weit weg von der Homogenität der ersten beiden Bände. Das ist für Leser, die sich wieder auf Wanderungen mit vorwiegend erdwissenschaftlichem Hintergrund gefreut haben, vielleicht eine Überraschung. Lassen Sie sich auf das Abenteuer, über Dinge und Vorgänge zu hören, die abseits bekannter Pfade ablaufen, ein! Wir hoffen, dass etwas von der Begeisterung und Liebe, die unsere Autoren in ihre Beiträge gepackt haben, bei Ihnen ankommt.

Wir wünschen Ihnen schöne und erfahrungsreiche Wanderungen.

HORST IBETSBERGER, HANS STEYRER, EWALD HEJL und LOTHAR SCHROTT

4

Nichts ist eine Grenze – eine Rand-Ergehung

Schritt eins

Ein Mann, ein Schauspieler, geht am Morgen los. Er geht querlandein und querwaldein. Selten blickt er stehend. Er nimmt im Gehen auf und mit. Es scheint, als durchlaufe ihn, was er neben sich liegen lässt, woran er – wieder und immer nur scheinbar – vorbeigeht. Durch ihn strömt, was er nebenbei betrachtet, was er sich genau anschaut, ganz genau. Schritt für Schritt bewegt er sich auf einer imaginären Linie, die man dann zu schnell und gerne mangels besseren Ausdrucks und aus Üblichkeit »Weg« nennt. Und so ein »Weg« impliziert die Idee einer Richtung und womöglich das Wissen darüber, wo man in dieser Richtung hingelangt. Doch nichts davon lässt diesen Mann einen Schritt vor den anderen setzen. Er geht. Er muss. Es ist ihm Natur – und es ist ihm ideale Vorlage zum Erzählen. Diesen Mann hat PETER HANDKE in einem seiner bisher letzten großen Texte losgeschickt. »Der Große Fall« heißt die Erzählung. Sie erschien im Jahr 2011. Und es ist eine Geschichte, an der die Unmöglichkeit von Grenzen in simpelster Weise augenscheinlich wird. Unser Wanderer geht durch den Wald auf eine Stadt zu. Doch nicht die Grenze vor ihm, die die angeblich wilde Natur des Waldes von der angeblich gezähmten, von Menschen erschaffenen Natur der Stadt trennt, prägt seinen Weg. Es ist die Grenze, die seine Schritte selbst schaffen, die so aufregend wird. Unser Wanderer braucht keine äußere Grenze. Jeder seiner Schritte trennt die Welt, um sie gleichzeitig zu vereinen. Das Um- und Einkreisen und das Durchgehen enden nicht jenseits von allem in einer selbstgewählten Niemandsbucht. Das Mäandern durch Landschaften, die Schilderung von Begleitgedanken und Wegrandereignissen ist immer eine Weltgeschichte der Überschreitung, der Vermehrung des Wissens, der Erfahrung und also der Urteile und Vorurteile. Das passiert eben deshalb, weil es keine Grenzen gibt, sondern nur Gebiete, die auf allen Seiten diesen Grenzen vorgelagert sind, sie umgeben.

Schritt zwei

Der Rand von sich selbst aus betrachtet liegt mittendrin. Es ist keine Peripherie. Der Rand beendet nicht. Der Rand markiert eine Grenze. Doch ist die Benennung, die Ausweisung oder Kennzeichnung einer Grenze, eines Randes, nichts als ein dürftiges Hilfsmittel. Erklärt wird damit ein Unterschied, also immer auch etwas Ausgeschlossenes. Die Politik erklärt mit Grenzen differierende Standpunkte. Die Geschichte erklärt mit Grenzen ein Ende und damit immer auch einen Anfang, von dem dann gerne als »neu« gesprochen wird, auch wenn er nichts anders als logisch ist, so wie es logisch ist, dass, wo immer man steht, es weitergeht. Die Geografie trennt durch Grenzen einzelne Länder voneinander ab, oder ganze Kontinente, oder Gebirgszüge, Gesteinseinheiten. Und Liebende ziehen ihre Grenzen, um doch noch etwas vom Ich behalten zu können, bevor das »Wir« herrscht. So etwas Ähnliches ereignet sich in vielen Songs des Countrys, des Blues und des Folks. Die Lieder vieler Protagonisten dieses Genres erzeugen den Klang einer dauernden Wanderschaft, bei der unentwegt Grenzen ausgetestet, erprobt und schließlich überschritten werden. Die Musik bewegt sich unentwegt – und mit ihr bewegt sich auch der Hörer. Dafür wird von klaren Trennlinien erzählt. Jenen zwischen Stadt und Land, zwischen Stillstand und Aufbruch, zwischen Langeweile und Aufbruch – aber auch zwischen moralischer Integrität und unmoralischem Aufbegehren.

Schritt drei

Grenzen legen also fest, wo man einander gegenübersteht. Drüben gibt es. Und herüben. Ein »Da«, das einem nahe ist, existiert durch Grenzen. Und so muss auch ein »Dort« existieren, das die Ferne beschreibt, das »Andere« – und im Sinn einer spannenden Welt oder Erzählung sollte dieses »Dort« auch noch etwas Gefährliches haben.

Schritt vier

Wer an solch einer Grenze entlangwandert, wer sie beiläufig erschlendert oder akribisch erkundet, wird scheitern, wenn er sich auf sie verlässt. Grenzen trennen und unterscheiden nämlich nicht. Grenzen sind nichts als befehlsmäßige Linien in einem Rand, gezogen der Einfachheit halber, gezeichnet, um einen Anhaltspunkt zu haben. Und dieser Rand verläuft keineswegs und niemals haarscharf. Wissenschaft und Politik müssen sich auf eine klare, deutliche Markierung zur Trennung einigen. Ein Wanderer, ein Durchstreifer, ein Entdecker muss, ja darf das niemals. Für den Wanderer gibt es einen Weg im Sinn, wie ihn die Handke'sche Figur in »Der Große Fall« beschreitet. Einer, der immer an der Grenze geht und doch weiß, dass es sie nicht wirklich gibt. Dieser Weg, die Orte, an denen die Schritte auftreten, bleibt immer nur eine vorgestellte Linie inmitten einer Zone. Der Rand bleibt immer eine Zone. Von allen Seiten schwappt Umgebung, Geschichte, Gesehenes, Gerochenes, Erfühltes, Ertragenes in diese Zone. Dieses Schwappen hält sich an keine gezogene Grenze. Und wer sich an solch einer Grenze (oder in ihrer Nähe) bewegt, dem muss das vorsichtige Gehen oder das aufmerksame Wandern eine Weltanschauung sein, will er nicht in die Grenz-Falle tappen. Wer rast, wird nur dahintappen. Wer aber langsam schaut, der spürt und der wird verstrickt in ein Gebiet am Rand, in eine sich dauernd bewegende Zone.

BERNHARD FLIEHER, Salzburger Nachrichten

Oberndorf und Laufen ...
»drent und herent«!

Historischer
Zwei-Städte-Rundweg

Horst Ibetsberger und Markus Häupl

Lage: Oberndorf und Laufen an der Salzach nördlich von Salzburg.

Anfahrt: Von Salzburg nach Oberndorf über die B 156 und B 156a zur Länderbrücke, wo auf der Oberndorfer Seite entlang der Brückenstraße Parkmöglichkeiten bestehen. Mit dem Fahrrad gelangt man auf dem Salzachradweg nach Oberndorf. Die ÖBB fährt mindestens halbstündlich von Salzburg Hauptbahnhof nach Oberndorf (26 Minuten Fahrzeit).

Gemütliche natur- und kulturhistorische Wanderung, Dauer 2 bis 3 Stunden mit mehreren Einkehrmöglichkeiten entlang des rund 3 Kilometer langen Weges. Höhenunterschied rund 60 Meter – wenn der Weg bis Maria Bühel begangen wird – ansonsten weitgehend eben, da im »Stadtgebiet« liegend. Spezielle Ausrüstung nicht erforderlich.

www.stillenacht-oberndorf.at

Der historische »Zwei-Städte-Rundweg« führt durch die bewegte Geschichte der Salzach-städte Laufen und Oberndorf, die bis Anfang des 19. Jahrhunderts zum Erzstift Salzburg gehörten. Bis dahin war Oberndorf eine Vorstadt der Stadt Laufen! Durch den Münchner Vertrag vom 14. April 1816 wurde die Salzach zum Grenzfluss, Laufen mit dem umgebenden Rupertiwinkel blieb unter bayerischer Herrschaft, während Oberndorf mit dem Großteil des Landes Salzburg an Österreich fiel und zunächst noch »Österreichisch Laufen« genannt wurde. Entdecken Sie auf dieser Zeitreise die vielen Gemeinsamkeiten der beiden Städte.

Die Salzach war der »Lebensstrom der Schiffer«. Auf dem Fluss beförderte man in erster Linie Salz, das »weiße Gold«. Bereits LUDWIG DER DEUTSCHE, König des Ostfränkischen Reiches, erteilte 844 dem Kloster Kempten die Erlaubnis, jährlich auf drei Schiffen Salz aus Reichenhall mautfrei zu beziehen.

Die Oberndorf-Laufener Salzachschlinge bot für die »Schöffleut« (Schiffer) einen idealen Siedlungsplatz, da hier wegen des »Nockens« (großer Felsen im Flussbett) die Fracht um-geladen oder die Schiffe zumindest geleichtert werden mussten. Diese wurden dann vom Ufer aus mit Seilen gesichert und um den Nocken herumgeführt. Die Oberaufsicht oblag dem »Umführer« als erzbischöflichem Beamten. Die große Schiffbauhalle (Schopperstadl) befand sich auf der Laufener Salzachseite. In Oberndorf gab es zwar auch einen Schopperstadl, in dem aber nur kleinere Schiffe gebaut wurden. Der Name »Schopper« für Schiffbauer leitet sich vom Schoppen, dem Abdichten der Spalten zwischen den Schiffsplanken, ab.

Abb. 2. *Alt-Oberndorf am Ende des 19. Jahrhunderts.*

◁ **Abb. 1.** *Schautafel des Themenweges am Salzachkai.*

8

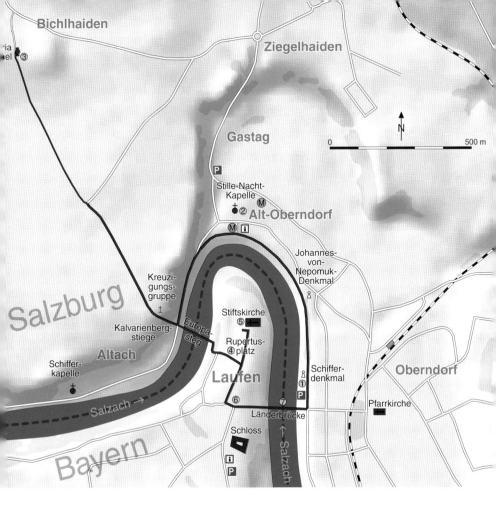

① Die Schifferschützen

Die Geschichte der Schifferschützen von Oberndorf-Laufen reicht bis in das 13. Jahrhundert zurück. Der Salzburger Erzbischof FRIEDRICH VON WALCHEN erließ 1278 eine Ordnung für die »Ausfergen«, denen die Führung der Salzschiffe von Hallein nach Laufen als erbliches Amt anvertraut war. Die 40 »Ausfergen« mussten nicht nur die Lasten der Laufener Bürger, wie Nachtwachen und den Bau von Brücken, Wällen und Gräben mittragen, sondern bei Angriffen auf das Salzburger Gebiet nördlich der Tauern sechs Leichtbewaffnete oder Armbrustschützen stellen. Jeder »Ausferge« musste über Waffen verfügen und die Kosten dafür selbst tragen. Darauf gehen die Anfänge des Schifferschützen-Corps zurück.

Die Schifferschützen wurden wiederholt zu militärischen Einsätzen herangezogen. 1525 unterstützten sie den Salzburger Erzbischof bei der Niederschlagung des großen Bauernaufstands. Im Jahr der 2. Türkenbelagerung (1683) beförderte Hofschiffmeister MAXIMILIAN HAIDENTHALLER 820 Salzburger Soldaten sowie Pulver und Blei samt Lebensmitteln über die Salzach, den Inn und die Donau zum kaiserlichen Entsatzheer nach Wien. 1732 mussten die Schifferschützen auf Befehl des Salzburger Erzbischofs LEOPOLD ANTON FREIHERR VON

9

Abb. 3. »Himmelbrotschutzen« auf der Salzach.

FIRMIAN die »Verschiffung« von 800 protestantischen »Dürrnberger Knappen«, die des Landes verwiesen wurden, von Hallein nach Passau übernehmen.

Das Schifferschützen-Corps Oberndorf ist die älteste (noch) bestehende Korporation im deutschsprachigen Raum. Neben Schutzaufgaben stellen die Schifferschützen noch heute die Ehrengarde bei kirchlichen Umzügen und weltlichen Feiern. Dem Gedenken an die bei Unfällen ums Leben gekommenen Schiffer und der Segnung des Flusses dient alljährlich zu Fronleichnam der feierliche Brauch des »Himmelbrotschutzens«.

Weiter geht es der Salzach entlang, am JOHANNES-VON-NEPOMUK-Denkmal und einer Tafel zur Flussgeschichte vorbei, in das »Alte Oberndorf«. Zuvor aber noch kurz zur Salzach: Die Oberndorf-Laufener Flussschlinge stellt eine Besonderheit im Flussverlauf dar. An dieser Stelle musste sich die Salzach dem Untergrund anpassen. Annähernd Ost-West verlaufende, harte Gesteinsbänke führten zur Ablenkung des Flusses. Die im Bereich des Salzburger Beckens ruhig dahinfließende Salzach wurde hier durch Stromschnellen turbulenter. Diese bereiteten der Schifffahrt große Probleme.

② Das »Alte Oberndorf«

An dieser Stelle befand sich der Marktplatz von Alt-Oberndorf. Er war von der St.-Nikolaus-Kirche, dem Kirchenwirt, dem Wasserturm und von Handwerkerhäusern umgeben. Die eng beieinanderstehenden Holzhäuser wurden oftmals ein Raub der Flammen. Dem Großbrand von 1757 fiel auch die Schifferkirche zum Opfer. Nach ihrem Wiederaufbau führten 61 Jahre später JOSEPH MOHR und FRANZ XAVER GRUBER in ihr das Weihnachtslied »Stille Nacht, Heilige Nacht!« erstmals auf. Der Wasserturm von 1540 versorgte Alt-Oberndorf und über die alte Salzachbrücke auch Laufen mit Trinkwasser. Das Bruckmannhaus beherbergt heute das Stille-Nacht- und Heimatmuseum, das auch die Geschichte der Salzachschifffahrt dokumentiert.

Seit dem Münchner Vertrag von 1816 bildet die Salzach die »nasse Grenze« zwischen Österreich und Bayern. Damit blieb der fruchtbare Rupertiwinkel westlich der Salzach, einst die Kornkammer Salzburgs, mit den Städten Laufen und Tittmoning sowie den Märkten Waging und Teisendorf beim Königreich Bayern. Oberndorf, bis 1816 ein Vorort von Laufen, in dem vor allem »Schöffleute« (Schiffer) lebten, bildete nun gemeinsam mit dem Ortsteil Altach eine eigene Gemeinde im Kaisertum Österreich; sie wurde zunächst »Österreichisch Laufen« genannt. Nachdem die »Schöffleute« durch den Rückgang des Salzhandels bereits verarmt waren, brachte der Bau der Eisenbahn 1860 die Schifffahrt völlig zum Erliegen. Die königlich-bayerische Regierung stellte 1867 den Schiffstransport für Salz ein.

Abb. 4. *Alt-Oberndorf 1904.*

Verheerende Hochwässer in den 1890er Jahren führten zur Verlegung des Ortes Oberndorf um rund einen Kilometer flussaufwärts. In Altach stehen heute noch historische Häuser, die seit den 1930er Jahren durch einen Schutzdamm gesichert sind.

Abb. 5. *Hochwasser in Alt-Oberndorf 1901.*

11

»Stille Nacht, Heilige Nacht!«

An jenem Platz, wo heute die Stille-Nacht-Kapelle steht, stand die alte St.-Nikolaus-Kirche. In ihr wurde das berühmte Weihnachtslied »Stille Nacht, Heilige Nacht!«, zur Christmette 1818 erstmals aufgeführt. Da die Orgel kaputt war, bat der Hilfspriester JOSEF MOHR seinen Freund FRANZ XAVER GRUBER, für das von ihm bereits 1816 in Mariapfarr verfasste Weihnachtsgedicht eine Melodie für zwei Solostimmen und Gitarre zu schreiben. Das so entstandene Lied bringt in eindrucksvoller Weise die Friedenssehnsucht nach den schrecklichen Jahren der »Napoleonischen Kriege« (1798–1815) und den zwei folgenden Hungerjahren zum Ausdruck.

Abb. 6. Sängerfamilie RAINER trägt das Lied »Stille Nacht, Heilige Nacht!« vor der Trinity-Church in New York vor.

Die Verbreitung des Liedes ist ein Verdienst des Zillertaler Orgelbauers KARL MAURACHER, der 1821 in Arnsdorf und 1825 in Oberndorf tätig war und das Lied bald nach seiner Entstehung ins Tiroler Zillertal brachte. Die Zillertaler Sängerfamilie RAINER soll einer mündlichen Tradition zufolge das Lied 1822 vor dem österreichischen Kaiser FRANZ I. und dem russischen Zaren ALEXANDER I. im ehemaligen Schloss »Bubenberg« bei Fügen vorgetragen haben. Am Weihnachtstag 1839 führte sie das Lied erstmals in New York auf.

Die Zillertaler Handschuhmacher- und Sängerfamilie STRASSER aus Laimach (Gemeinde Hippach) verbreitete das Lied auf ihren Reisen durch Deutschland. 1832 sangen sie »Stille Nacht, Heilige Nacht!« in Leipzig. Um 1900 war das Lied durch Missionare bereits auf allen Kontinenten bekannt. Bis heute übersetzte man das Lied in mehr als 330 Sprachen und Dialekte, so dass es von allen Menschen dieser Erde in ihrer Muttersprache gesungen werden kann. »Stille Nacht, Heilige Nacht!« kann daher als weltweit völkerverbindendes Lied bezeichnet werden. Heute steht auf dem Platz der St.-Nikolaus-Kirche, die nach der Verlegung Oberndorfs abgetragen wurde, die von 1924–1936 errichtete »Stille-Nacht-Gedächtniskapelle«.

Weiter geht es dem Prallhang (Außenseite) der Salzachschlinge entlang. Am Hang sieht man die verfestigten Konglomerate der Salzachschotter, welche die Terrasse bilden, die man über die Kalvarienbergstiege erreicht. Auf der Terrasse angelangt, wandert man gemütlichen Weges zur Wallfahrtskirche Maria Bühel.

③ Wallfahrtskirche Maria Bühel

Der Laufener Stiftsdekan GEORG PARIS CIURLETTA erwarb 1661 aus eigenen Mitteln ein Feld und errichtete darauf zunächst eine hölzerne, dann eine steinerne Bildsäule. In diese setzte er ein Marienbild ein – eine Kopie des in St. Jakob in Straubing verehrten Gnadenbildes von HANS HOLBEIN d. Ä. – das bis dahin im Dechantshof in Laufen aufgehängt war. Dieses sollte vor allem »von den durchreisenden Schiffleuten, die unterwegs oft ein unnützes und missfälliges Geschwätz treiben«, verehrt werden.

Abb. 7. *Wallfahrtskirche Maria Bühel, 1903.*

Als bald darauf Gebetserhörungen einsetzten, ließ CIURLETTA ab 1663 eine Messkapelle bauen und reich ausstatten. Die Wallfahrt zum »Maria-Hilf-Bild auf dem Bichl« erfreute sich immer größerer Beliebtheit. In den Jahren 1663 bis 1670 wurden annähernd 2000 Heilige Messen gelesen. Da die kleine Kapelle den Zustrom an Wallfahrern nicht fassen konnte, erfolgte ab 1670 eine grundlegende bauliche Umgestaltung, die CIURLETTA selbst finanzierte. Den nächsten großen Ausbau ließ der Stiftsdekan FRANZ BERNHARD STÜRGKH mit Unterstützung des Salzburger Fürsterzbischofs FRANZ ANTON GRAF VON HARRACH 1718–1721 durchführen.

Der einschiffige, barocke Bau mit ovalem Querschiff und quadratischem Chor besaß zwei auffallend hohe Doppelzwiebeltürme. Diese mussten nach einem Blitzschlag 1917 abgetragen werden und wurden erst 1960 annähernd in ihrer ursprünglichen Form wieder hergestellt. In den Hochaltar von ANTONIO BEDUZZI ist das Gnadenbild »Maria mit dem Kind« aus dem 17. Jahrhundert eingefügt. Neben den beiden Seitenaltären mit Gemälden des Hl. FRANZISKUS und des Hl. FLORIAN (1721) von dem aus Laufen gebürtigen kaiserlichen Hofmaler JOHANN MICHAEL ROTTMAYR ist als besonderes Kleinod das Votivbild mit dem Großbrand von Oberndorf 1757 hervorzuheben.

Auf demselben Weg geht es zurück, ehe man auf dem 2006 eröffneten Europasteg die Salzach, die Landesgrenze zwischen Österreich und Deutschland, überquert.

Für viele Jahrhunderte war die »Brücke in der Altach«, der am rechten Ufer gelegenen Vorstadt Laufens, der einzige Übergang zur eigentlichen Stadt. Die erste Nennung stammt aus dem 12. Jahrhundert. Über sie führten u. a. die Laufener Trinkwasserversorgung vom Oberndorfer Wasserturm und auch der Wallfahrtsweg vom unteren Laufener Stadttor zur Wallfahrtskirche Maria Bühel. Die Brücke wurde in den 1890er Jahren durch Hochwässer zerstört und dann nicht mehr aufgebaut. Bei Niedrigwasser erkennt man noch die Reste der alten hölzernen Brückenpfeiler.

Auf bayerischer Seite angekommen, betritt man die geschichtsträchtige Stadt Laufen durch das untere Stadttor. Dieses, in seiner noch spätmittelalterlichen Baugestalt erhalten, ist Teil der ursprünglichen Stadtbefestigung.

Die Stadt Laufen kann auf eine lange Geschichte zurückblicken. Der Bayernherzog ODILO (vor 700 bis 748) verfügte über Besitz in Laufen, der dann an die Salzburger Kirche kam. Bereits um 800 wird Laufen in einem Salzburger Güterverzeichnis, den *Breves Notitiae*, als Dorf *(villa)* bezeichnet. Ein »castellum«, wohl eine Befestigung aus spätrömischer Zeit, konnte Bischof VIRGIL von SWIKER, einem Gefolgsmann Herzog ODILOS, erwerben. Im 12. Jahrhundert entwickelte sich Laufen zu einer bedeutenden Stadt. Es war 1129 Schauplatz einer großen Kirchenversammlung und 1160 traf hier auf Initiative des Salzburger Erzbischofs EBERHARD I. der geistliche und weltliche Adel Bayerns zusammen. Erzbischof KONRAD I. errichtete nach 1121 in der Laufener Burg eine Münzstätte, die Salzburger Silberpfennige prägte, was für die wirtschaftliche Bedeutung der aufstrebenden Stadt spricht. Am 29. März 1166 hielt Kaiser FRIEDRICH I. BARBAROSSA einen Hof- und Gerichtstag in Laufen ab, auf dem er über seinen Onkel, Erzbischof KONRAD II. von Salzburg, die Reichsacht verhängen ließ.

Abb. 8. *Von 1907 bis 1920 führte an der Stelle, wo heute der Europasteg Oberndorf mit Laufen verbindet, ein hölzerner Steg über die Salzach.*

Das Stadtbild Laufens wurde von den Bauten der 1267 privilegierten adeligen Schiffherren geprägt, die aus der Vermietung der Salzschiffe reiche Einkünfte bezogen. Die Salzachschifffahrt erreichte 1590, im Salzstreit des Erzbischofs WOLF DIETRICH VON RAITENAU mit Bayern, und erneut um 1790 einen Höhepunkt. Von 1790 bis 1800 wurden 6248 Salzschiffe gebaut, rund 1100 Mann waren bei der Schifffahrt beschäftigt. Auf 1867 datiert der letzte königlich-bayerische Salztransport. Bei der Gebietsreform 1972 wurde der Landkreis Laufen aufgelöst, der südliche Teil mit der Stadt Laufen fiel an den Landkreis Berchtesgadener Land mit dem Sitz in Bad Reichenhall.

Durch das Untere Stadttor gelangt man nach wenigen Schritten zum Rupertusplatz.

④ Rupertusplatz

Hier befand sich das Stadtzentrum im 13. und 14. Jahrhundert, bevor sich die Bebauung des Geländes nach Süden, zum heutigen Marienplatz, erweiterte. Die den Platz umgebenden Häuser waren ehemals im Besitz adeliger Schiffherren, die am Salzhandel beteiligt das Patriziat der Stadt bildeten. Mehrere gotische Steinportale zeugen noch von der Finanzkraft der früheren Hausbesitzer.

Das Gebäude an der Oberseite des Platzes mit dem kleinen Türmchen wurde 1474 von der Stadtverwaltung erworben und diente bis 1975 als Rathaus. Sowohl im Erdgeschoss als auch im ersten Stock findet man gotische Gewölbe, Balkendecken und steinerne Türumrahmungen. Seit der Sanierung wird das historische Gebäude von Vereinen und Bildungseinrichtungen genutzt. Im zweiten Stock bildet der »Rottmayr-Saal« mit einem 2004 erworbenen Gemälde des Barockmalers JOHANN MICHAEL ROTTMAYR den stilvollen Rahmen für kulturelle Veranstaltungen.

JOHANN MICHAEL ROTTMAYR wurde 1654 in Laufen geboren. Zu seinen bedeutendsten

Abb. 9. *Büste von JOHANN MICHAEL ROTTMAYR.*

Werken zählen das Deckenfresko und die Deckenbilder in der Salzburger Residenz (1689, 1709–1714), das Hochaltarblatt »Auferstehung Christi« in der Benediktinerabtei Michaelbeuern (1690), die Altarblätter in der Kollegienkirche in Salzburg, das Ovalbild »Maria Heimsuchung« in der Wallfahrtskirche Maria Bühel bei Oberndorf, »Die Krönung Elisabeths« am Seitenaltar in der Stiftskirche von Schlierbach sowie Arbeiten in Wien, Breslau (Polen), Schloss Frain (Vranov in Tschechien), Schloss Pommersfelden bei Bamberg, Melk, Klosterneuburg etc.

Nun geht es weiter auf einer Stichstraße zur Stiftskirche, die durch ihre Lage auf einer erhöhten Halbinsel der Salzach ein besonders prächtiges Ambiente bietet.

Abb. 10. *Der Heilige FLORIAN auf einem Seitenaltarbild in der Kirche Maria Bühel von JOHANN MICHAEL ROTTMAYR.*

15

Abb. 11. *Salzachschiffer mit der Stadt Laufen im Hintergrund.*

⑤ Stiftskirche

Die Pfarr- und Stiftskirche Mariä Himmelfahrt geht auf einen romanischen Vorgängerbau zurück. Diese dreischiffige Pfeilerbasilika mit freistehendem Turm entstand in der zweiten Hälfte des 12. Jahrhunderts. Davon zeugen noch die romanischen Portallöwen und der Unterteil des Turmes in der Westwand der Kirche. Zwischen 1330 und 1338 wurde die heutige Hallenkirche als Ausdruck des bürgerlichen Selbstbewusstseins und der Finanzkraft der adeligen Schiffherren errichtet. Die Pfarrkirche gilt als die älteste Hallenkirche Süddeutschlands. Sie verfügt im Inneren und im Kreuzgang, der die Kirche umschließt, über zahlreiche künstlerisch bedeutende Grabdenkmäler.

Durch den Reichtum der Bürger war die Ausstattung der Kirche einem ständigen Wandel unterworfen. Aus jeder Stilepoche haben sich Kunstwerke erhalten. Aus der Gotik stammen mehrere Tafelbilder, aus dem Barock Plastiken von JAKOB GEROLD und Gemälde von JOHANN MICHAEL ROTTMAYR, aus dem Rokoko Figuren an den Seitenaltären. Neben der Stiftskirche befindet sich die um 1300 errichtete St.-Michaels-Kapelle, deren Untergeschoss als Karner (Beinhaus) diente.

Nun geht es zurück zum Rupertusplatz. Der Weg führt an vielen geschichtsträchtigen Häusern der Rottmayrgasse vorbei zum Marienplatz, dem heutigen Zentrum der Stadt.

⑥ Marienplatz

Der weitläufige Marienplatz mit seinem Brunnen, der die obere Stadt mit Trinkwasser versorgte, war bis in das späte 19. Jahrhundert zugleich der Schrannenplatz, wo regelmäßig Vieh und landwirtschaftliche Produkte feilgeboten wurden. An seiner Nord- und Westseite

Abb. 12. Der Marienplatz am 2. Juni 1903, dem Tag der Einweihung der Salzachbrücke.

Abb. 13. Bau der Salzachbrücke Laufen-Oberndorf 1901–1903.

weisen die stattlichen Gebäude der wohlhabenden, früheren Handels- und Schiffherren die charakteristische »Inn-Salzach-Bauweise«, mit hochgezogenen Fassaden und Zwischenmauern, hinter denen sich ein Grabendach verbirgt, auf. Diese das Stadtbild prägende Baugestalt setzte sich ab dem 16. Jahrhundert durch und diente dazu, die Ausbreitung von Bränden zu verhindern.

Neu Oberndorf (Österreich)　　　　　　　　Laufen a. d. Salzach, Bayern

Abb. 14. *Oberndorf und Laufen 1907.*

Vom Marienplatz, der zum Verweilen einlädt, gelangt man zur Länderbrücke. Haben Sie noch 15 Minuten Zeit, so lohnt es sich, hier zur Salzach hinabzusteigen. Dort finden Sie die Hochwassermarken des Flusses. Ein Stück weiter, auf der »Sandbank der Salzach« können Sie Steine bestimmen, die der Fluss aus dem ganzen Land Salzburg herantransportiert und hier abgelagert hat. Buchtipp »Salzachkiesel«.

Nun stehen Sie vor einem der beeindruckendsten Brückenbauwerke des Alpenraumes. »Genießen« Sie die Brücke und den Blick auf die beiden Städte mit ihrer langen gemeinsamen Geschichte, bevor sie wieder den Ausgangspunkt erreichen.

⑦ Länderbrücke

Die schweren Hochwässer 1892, 1896, 1897 und 1899 setzten die Häuser in Alt-Oberndorf und in Altach bis zu den Dächern unter Wasser. Diese Wohn- und Lebensumstände waren der Grund für die Verlegung des Ortes, die von der Salzburger Landesregierung am 24. Oktober 1899 beschlossen wurde. Am 28. Oktober 1901 erfolgte der Spatenstich für das »Neue Oberndorf« auf hochwassersicherem Gelände.

Die Neugestaltung Oberndorfs basiert auf einer planmäßigen Anlage als Straßenzeilendorf. Den Kern bilden die Kirche, kommunale Einrichtungen wie Gemeindeamt, Gendarmerie, Volksschule, Gericht und Bahnhof. Im Jahr 1907 standen schon 50 Häuser. Trotz der katastrophalen Wohnsituation in Alt-Oberndorf verweigerten einige der 200 Hausbesitzer die Umsiedlung. Der Erste Weltkrieg unterbrach die Umsiedlungsaktion. Erst 1920, nach weiteren Hochwässern, wurde deren Notwendigkeit eingesehen und der Ausbau von Neu-Oberndorf fortgesetzt.

Bedingt durch die Ortsverlegung wurde ein Brückenneubau fällig. Nach zweijähriger Bauzeit war das Eisenfachwerk in Form einer Kettenbrücke auf zwei Pfeilern errichtet.

Der Brückenbau war eine Gemeinschaftsinitiative der k.-u.-k.-Monarchie Österreich-Ungarn und des Königreichs Bayern, bei der die Kosten geteilt wurden. Die Länge der Brücke beträgt 165 Meter, wovon 100,5 Meter auf bayerischem und 64,5 Meter auf österreichischem Staatsgebiet liegen. Die Masse der Brücke beträgt 715 Tonnen, von denen 648 Tonnen auf die Eisenkonstruktion entfallen. Auch heute noch bildet diese Brücke für Fahrzeuge den einzigen Salzachübergang zwischen der Autobahnbrücke in Salzburg und der Brücke von Tittmoning und bewies bei den Hochwässern 1920, 1954, 1959, 2002 und 2013 ihre große Standfestigkeit.

Am 2. Juni 1903 wurde die Brücke mit einem Festakt am Laufener Stadtplatz, an dem auch Vertreter der k.-u.-k.-österreichischen und der königlich-bayerischen Regierung teilnahmen, feierlich eingeweiht und eröffnet. Ende des 2. Weltkriegs war die Brücke längere Zeit von der Sprengung bedroht, für die sich der Ortsgruppenleiter und ein Sprengkommando stark machten. Eine Generalsanierung der auf 12 Tonnen Tragfähigkeit beschränkten Brücke wurde 2007 abgeschlossen.

Nun sind Sie wieder am Ausgangspunkt angelangt. Oberndorf, das durch Jahrhunderte eine Vorstadt von Laufen war, wurde 1929 zum Markt erhoben. Seit 2001 ist Oberndorf eine Stadt mit vielen zentralörtlichen Funktionen.

Ein herzlicher Dank für die Korrekturlesung des Manuskriptes gebührt Prof. Dr. HEINZ DOPSCH und Heimatpfleger HANS ROTH aus Laufen.

Literatur

BAYERISCHE AKADEMIE FÜR NATURSCHUTZ UND LANDSCHAFTSPFLEGE (ANL) (Hrsg.). 2007. Salzach-kiesel. – 64 S.; Laufen.

DOPSCH, H. 2001. Kleine Geschichte Salzburgs: Stadt und Land. – 264 S.; Salzburg.

DOPSCH, H. & H. ROTH (Hrsg.). 1998. Laufen und Oberndorf. – 628 S.; Laufen.

HIEBLE, H. 2003. Die Salzachbrücke zwischen Laufen und Oberndorf. – 216 S.; Laufen.

SCHIFFERSCHÜTZEN-CORPS OBERNDORF (Hrsg.). 2003. Nahui in Gottes Namen. 725 Jahre Schiffer-schützen-Corps Oberndorf 1278–2003. – 78 S.; Laufen.

WIESBAUER, H. & H. DOPSCH. 2007. Salzach · macht · geschichte. – 264 S.; Salzburg.

WINDING, N. & D. VOGEL (Hrsg.). 2003. Die Salzach: Wildfluss in der Kulturlandschaft. – 176 S.; Vilsbiburg (Kiebitz).

»… und mit dem Schwert richten lassen«

Der Richtstättenweg Lochen – Wandern in historischem Grenzgebiet

HERBERT HANDLECHNER

Die Gemeinde Lochen liegt an der Landesgrenze zu Salzburg im oberen Innviertel. Das Gemeindegebiet ist zwischen dem Tannberg im Süden und den flachen Feldern und Wäldern im Norden bei Jeging und Munderfing eingebettet. Knapp vier Kilometer des Nordufers des Mattsees gehören zum Gemeindegebiet. Der Ausfluss des Mattsees, des Obertrumer Sees und des Grabensees, die Mattig, durchschneidet ein Stück des Gemeindegebietes im Bereich der Ortschaft Kerschham.

Der »Richtstättenweg Lochen« ist in vier Themenwege gegliedert. Diese Wege führen zu den originalen Stätten ehemals salzburgisch-bayerischer Gerichtsbarkeit sowie zu weiteren Rechtsdenkmälern. Stationstafeln erklären an den originalen Schauplätzen bzw. in direkter Sichtverbindung zu rechtsgeschichtlich bedeutsamen Orten die Besonderheiten aus der Rechtsgeschichte dieses Gebietes zwischen dem Erzstift Salzburg und dem Herzogtum bzw. Kurfürstentum Bayern.

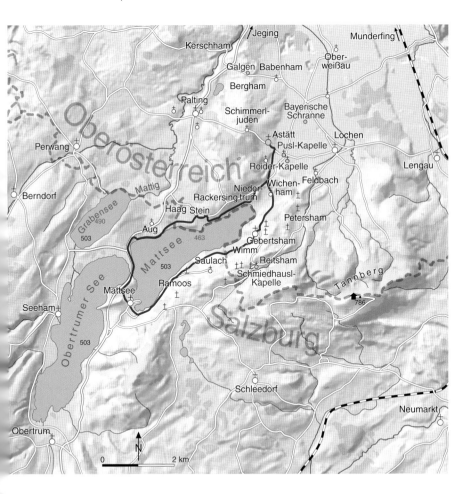

Abb. 15. Am 8. Februar 1762 wurde in Astätt die letzte Hinrichtung vollzogen.

Der Richtstättenweg Lochen

Drei von vier Themenwegen haben ihren Ausgangspunkt in Lochen.

»Über Steinkreuze zur alten Staatsgrenze« führt auf den Rücken des Tannberges (Gasthaus Tannberg), wo einst eine strittige Staatsgrenze verlief. Der Tannberg, heute Landesgrenze zwischen Salzburg und Oberösterreich, stellt mit 786 Metern Höhe die höchste Erhebung des Bezirkes Braunau dar. Vom Tannberg geht es hinunter zu einem alten verwitterten Steinkreuz nach Petersham. Dieses ist einer der wenigen erhaltenen Zeugen alter Rechtsbräuche in Oberösterreich. Ein Abstecher zur Schmiedhausl-Kapelle nach Reitsham (nahe Gasthaus Mühlbacher) lohnt sich. Die Kapelle betritt man durch ein 500 Jahre altes Portal, das über Umwege vom Schloss Mattighofen nach Reitsham kam.

Der Weg »Von der Köpfstätte zum Galgen« führt von Lochen nach Astätt zur ehemaligen Köpfstätte, wo die Verurteilten enthauptet wurden. Von dort geht es weiter über den Blickpunkt zur bayerischen Landschranne zum einstigen Galgen. Von Bergham bietet sich ein Abstecher zu dem im Jahr 2012 errichteten »Panoramablick« am Schimmerljuden an, von wo aus bei guter Fernsicht der Böhmerwald mit der Grenze zu Tschechien erblickt werden kann.

Die Befugnisse der geistlichen und weltlichen Grundherren »Zwischen Salzburg und Bayern«, so die Bezeichnung des nächsten Weges, waren in und um Lochen heiß umstritten. Um die Pfarrkirche von Lochen (Altar von MEINRAD GUGGENBICHLER) liegen der »Bayrische Wirt« (Gasthaus Hauer) und der ehemals salzburgische »Bräu« (Bräugasthof Kriechbaum). In Oberweißau befand sich ein bayerischer Edelsitz (Wirt z'Weissau). In der Nähe von Kerscham (Käsereimuseum und Biokäserei Höflmaier) befand sich zeitweise ein Salzburgischer Wachposten.

Den tragischen »Weg eines Delinquenten« vom Mattseer Gefängnis bis zur Hinrichtung erzählen die Stationstafeln in Mattsee, Gebertsham und Astätt (Köpfstätte). Dieser Weg wird hier näher beschrieben.

Von Passau zu Salzburg

Neben einem zwischen den Jahren 757 und 765 von Bayernherzog TASSILO III. gegründeten Kloster[1], heute das älteste weltpriesterliche Kollegiatstift in Österreich, entwickelte sich eine im Laufe der Zeit ausgebaute Befestigung am Schlossberg in Mattsee. Das Schloss war Sitz des vom Passauer Bischof eingesetzten Vogtes als Verwalter der Herrschaft Mattsee.[2] Oft war es zu gewaltsamen Auseinandersetzungen in diesem Grenzgebiet gekommen. Die Abwehr mit militärischen Mitteln gelang den Passauer Bischöfen wegen der großen Entfernung zur abseits liegenden Herrschaft Mattsee meist nicht zeitgerecht. Deshalb entschloss sich der Passauer Bischof im Jahr 1398 zum endgültigen Verkauf der Herrschaft Mattsee samt allen Rechten mit Ausnahme der Halsgerichtsbarkeit.[3] Die Halsgerichtsbarkeit, also das

---

1 Zur Geschichte des Stiftes Mattsee siehe DOPSCH, H. (2005): Die Anfänge des Klosters Mattsee – S. 149–157 in: DOHLE, G. & O. DOHLE, Mattsee-Chronik; 488 S.; Mattsee.
2 Zur Geschichte der Herrschaft Mattsee siehe DOPSCH, H. (2005): Die Anfänge des Klosters Mattsee – S. 51–72 in: DOHLE, G. & O. DOHLE, Mattsee-Chronik; 488 S.; Mattsee.
3 Ab 1779 wurden die Konflikte durch die Abtretung des Innviertels an Österreich lediglich verlagert.

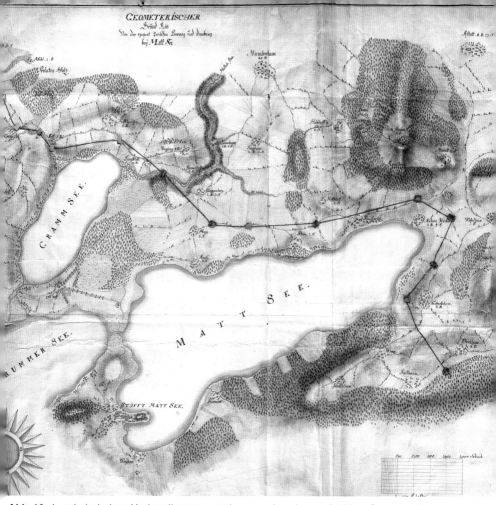

Abb. 16. *In wiederholten Verhandlungen wurde versucht, eine endgültige Grenze zwischen Salzburg und Bayern festzulegen, was jedoch nie vollends gelang. Auf einer Karte von »Gregori Lederwasch« aus dem Jahr 1774 wurde ein Faden als mögliche Grenzlinie aufgeklebt. Die Zahlen und Buchstaben unterhalb der Ortsbezeichnungen geben die Anzahl der bayerischen und salzburgischen Häuser wieder.*

Recht, »todeswürdige« Verbrecher zu richten, blieb weiterhin den bayerischen Herzögen vorbehalten. Dies war die Ursache teils heftigster Konfrontationen, leitete doch Bayern (ab 1779 Österreich als dessen Nachfolger) daraus wiederholt direkte territoriale Ansprüche ab. Durch den Kaufvertrag von 1398 wurde das Gebiet um Mattsee samt einem in sich nicht geschlossenen Teil in der heutigen Gegend von Lochen, Palting und Perwang dem Erzstift Salzburg einverleibt. Das Pfleggericht Mattsee teilte sich im Laufe der Zeit schließlich in die Ämter Mattsee (mit Schleedorf), Obertrum, Berndorf (mit Seeham und Teilen von Perwang) sowie das besonders fruchtbare Amt Lochen. Zahlreiche heftige Auseinandersetzungen zwischen dem Erzstift Salzburg und Bayern gab es wegen der Gemengelage der salzburgischen und bayerischen als auch dem Stift Mattsee grundherrschaftlich unterworfenen Untertanen sowie wegen der in Astätt und bei Babenham befindlichen Richtstätten.

Das Verbrechen – Eine Beleidigung Gottes

Verstieß jemand gegen die göttliche Ordnung innerhalb der Gesellschaft, so war diese ihrerseits verpflichtet, die göttliche Ordnung wieder herzustellen. Tat man dies nicht, so strafte Gott die gesamte Gesellschaft mit Naturkatastrophen, Kriegen und Seuchen. In dieser Gedankenwelt regierte also der strafende und vergeltende Gott – ein Gottesbild, das der damals herrschenden Auffassung des Alten Testaments entsprach.

Die Strafe als Wille Gottes

Kaiser und Könige waren als weltliche Richter »von Gottes Gnaden« (Gottesgnadentum) eingesetzt, die Ordnung aufrechtzuerhalten bzw. durch Rechtsprechung wieder herzustellen. Sie beauftragten die Richter, in ihrem Zuständigkeitsbereich im Namen des Landesherrn Recht zu sprechen. Im schlimmsten Fall wurde der Verbrecher hingerichtet und damit die Ordnung wieder hergestellt. Die Hinrichtung war also Wille Gottes zur Versöhnung mit Gott und der Welt, so die einstige Vorstellung. Deshalb spielte auch das Gottesurteil in Form der Wasserprobe, der Feuerprobe oder des gerichtlichen Zweikampfs als Mittel der Wahrheitsfindung eine besondere Rolle.

Die Auslieferung und der Vollzug der Todesstrafe im Gebiet von Lochen

Wurden »todeswürdige« Verbrecher im Bereich der Ämter Mattsee, Obertrum, Seeham, Berndorf, Schleedorf und dem mit Bayern vermengten Amt Lochen aufgegriffen, so waren diese innerhalb von drei Tagen der bayerischen Hochgerichtsbarkeit zu übergeben. Die

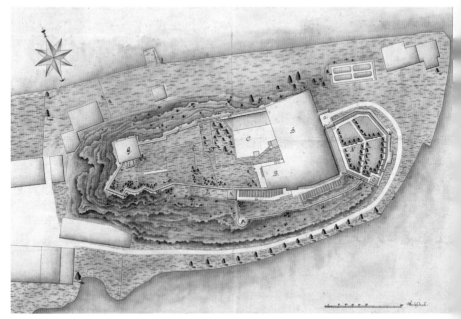

Abb. 17. »*Grundris des Schlosses Mattsee*« *von* JOSEPH MATTSEEROIDER, *2. Hälfte 18. Jahrhundert.*

Vorerhebungen wurden jedoch vom Mattseer Pflegrichter geführt. Hatte sich ergeben, dass tatsächlich »todeswürdige« Verbrechen wie Mord, Diebstahl oder Notzucht vorlagen, so verständigte man den bayerischen Pfleger in Braunau und vereinbarte einen Termin für die Auslieferung des Malefikanten.[4] Das Ritual der Übergabe ist einzigartig und wurde über Jahrhunderte stets eingefordert. Im Sommer brachte man den Delinquenten mit einem Amtsschiff vom Schloss Mattsee ans nördliche Ende des Mattsees. Bei Niedertrum ritt der bayerische Amtmann bis zum Sattelbogen in den See und übernahm die Akten sowie den Delinquenten. Sodann erfolgte der Transport nach Braunau. Ergaben die Erhebungen, dass kein Verbrechen, welches nach dem Malefizrecht zu ahnden war, vorlag, so wurde der Delinquent zur Bestrafung zurück nach Mattsee überstellt. War der Malefikant aber nach dem Malefizrecht zu strafen, so erfolgte nach Rückführung des Delinquenten und dessen Verwahrung im »Arme-Sünder-Stüberl« in der bayerischen Schranne (Gerichtsstelle) Astätt die Urteilsverkündung. Die Strafe konnte vom Prangerstellen, Auspeitschen, Abschneiden von Körperteilen bis zur Vollstreckung der Todesstrafe durch Rädern, Hängen oder Enthaupten reichen. Das Todesurteil wurde beim Galgen oberhalb der Ortschaft Babenham oder an der Köpfstätte von Astätt vollzogen. Laut bisherigen Erhebungen wurden beide Richtstätten ausschließlich zur Aburteilung der im Pfleggericht Mattsee gefassten und an Bayern ausgelieferten Verbrecher verwendet. Es war eine Besonderheit, dass sich beide Richtstätten und die Landschranne im Erlachfeld auf den Grundstücken salzburgischer Untertanen befanden.

Der Weg eines Delinquenten

»Der Weg eines Delinquenten« beginnt in Mattsee. Am nördlichen Felsen des Schlossberges, zwischen der Auffahrt zum Schloss und dem ehemaligen k. u. k. Gefängnis, sind bei genauerer Betrachtung Meißelspuren zu erkennen. An dieser Stelle befand sich einst das Gefängnis, in dessen Keuchen die Arrestanten ihr weiteres Schicksal erwarteten. Der Zustand der Gefängnisse war bis ins 19. Jahrhundert entsetzlich. Von den Mattseer Gefängniszellen wurde um 1790 berichtet, »daß man beynahe die Menschlichkeit, auf die auch der größte Uibelthäter Anspruch hat, darin ganz vermisset . . .«.

Die dort befindliche Stationstafel A erzählt von der Festnahme der Witwe KATHARINA HIERSCHLAGER aus Babenham/Lochen. Im November 1699 wurde in Lochen ein totes Neugeborenes gefunden. Der Mordverdacht fiel auf die erwähnte Witwe. Der Mattseer Pfleger befahl die Verhaftung der Kindesmutter. Diese wurde vorerst in das Gefängnis beim »Salzburgischen Wirt« in Lochen gesperrt. Später verlegte man die Witwe in das Gefängnis nach Mattsee. Im Schloss Mattsee wurde die Gefangene »in puncto infanticidii« [Kindsmord] befragt. Sie gestand die Tat. Der Mattseer Pfleger erinnerte den Salzburger Hofrat, dass diese »Maleficantin« an Bayern auszuliefern sei. Der Salzburger Hofrat entschied, dass »die Delinquentin an den gewohnlichen Orth im See« [bei Niedertrum] »dem churfürstlichen Pfleggericht Braunau außgelifert werden soll«. Ende November 1699 wurden vom Mattseer Pfleger dem Pfleggericht Braunau Ort und Zeitpunkt der Übergabe vorgeschlagen. Der Vorschlag wurde vom bayerischen Pfleggericht Braunau angenommen. – Entlang des Rundweges um den Mattsee geht man nun weiter nach Ramoos und von dort entweder über Saulach oder entlang des Wanderweges über »Berndler« in Richtung Gebertsham. Beide Wege führen bei der unteren Ortschaft Wimm wieder zusammen. Entlang der asphaltierten Straße gelangt

---

4   Von lat. maleficus = übel handelnd, bösartig, gottlos, schlecht bzw. maleficium = Übeltat, Verbrechen, also Verbrecher, Übeltäter.

man in eine Waldzunge, in welcher ein kleiner Bach dem Mattsee zufließt. Die Straße war einst Verbindungsstraße zwischen Salzburg und Braunau, die in alten Karten als »Salzburger Strass« bezeichnet wird. Die Straße führt direkt zum Aussichtsplatz bei Gebertsham. Dort befindet sich die L-förmige Stationstafel B.

Die Auslieferungsstätten

Vom Aussichtsplateau bei Gebertsham erblickt man das einst aus zwei bayerischen und vier salzburgischen Untertanen bestehende Fischerdorf Niedertrum – den Auslieferungsort für Delinquenten am Nordende des Mattsees. Innerhalb von drei Tagen mussten die »todeswürdigen« Verbrecher, die im Bereich des salzburgischen Pfleggerichtes Mattsee aufgegriffen wurden, bei Niedertrum noch im See mit einem besonderen Ritual an das bayerische Pfleggericht Braunau ausgeliefert werden. Im Sommer erfolgte die Übergabe bei Niedertrum im Mattsee selbst. Der braunauische Beamte ritt bis zum Sattelbogen des Pferdes in den See und übernahm den mit einem Schiff herangeführten De-

Abb. 18. Das heutige »Wimmerbachl« diente einst unter der Bezeichnung »Königs- oder Rettenbachl« als Auslieferungsort für Delinquenten zur Winterszeit.

linquenten. Im Winter wurde die Übergabe in der Waldzunge zwischen der Ortschaft Wimm und Gebertsham beim so genannten »Retten- oder Königsbachl« (heute »Wimmerbachl«) an der alten Verbindungsstraße zwischen Braunau und Salzburg vollzogen.

Doch nicht jede/r Ausgelieferte war dem Tode geweiht. Zahlreiche Malefikanten wurden von Braunau zur Abstrafung nach Mattsee zurückgebracht, da Verfahrensfehler vorlagen, man sich nicht zuständig sah oder die Todesstrafe nicht zur Anwendung kam.

Auslieferungen von Selbstmördern

Auch die Körper von Selbstmördern wurden bisweilen an Bayern ausgeliefert. In Rahmen von Ermittlungen und einer Leichenbeschau wurde das nähere Umfeld eines Selbstmörders beleuchtet. Konnte eine geistige Erkrankung ausgeschlossen werden, so blieb ein christliches Begräbnis in geweihter Erde verwehrt. Selbstmörder wurden in der Regel vom Scharfrichter oder dem von ihm beauftragten Abdecker in ein Fass oder eine Kiste genagelt und an das bayerische Pfleggericht Weilhart mit Sitz in Braunau ausgeliefert. Meist erschien der Burghausener Scharfrichter oder dessen Knecht zur Übernahme. Die Leichen wurden beim Galgen bei Babenham auf einem Scheiterhaufen verbrannt oder im Erdreich verscharrt.

Within the images:

Letzte Hinrichtung 1762

Enthauptung des hl. Johannes

Ehemalige Köpfstötte der Pfleggerichte Weilhart und Mattsee Letzte Enthauptung am 8. Febr 1762

Abb. 19. Zwei erhaltene Blechbildchen erinnern an die letzte Enthauptung am 8. Februar 1762. Sie wurden wechselweise in der Köpfstattsäule in Astätt aufbewahrt. Links jeweils das alte, rechts das rekonstruierte Bild.

Die Auslieferung der KATHARINA HIERSCHLAGER im Jahr 1699

Der bayerische Amtmann von Munderfing, MELCHIOR GENSPERG, wurde Ende November 1699 per Amtszettel aufgefordert, »sich gefasst zu machen und auf Tag und Stundt mit Wagen und Pferdt auch Bandt und Eisen beim See zu Niderntrumb« zu erscheinen. Dort solle er sich zur Übernahme der verdächtigen Kindsmörderin KATHARINA HIERSCHLAGER bereithalten. Der Amtmann machte sich mit einem Knecht auf den »Weg an das gewohnliche Gränizohrt nacher Niderntrumb am See« und übernahm die Delinquentin. Dabei wurden auch die in Mattsee angelegten Akten übernommen. Die Auslieferung war aber an Bedingungen von Salzburger Seite geknüpft. Sollte sich nämlich gemäß den Verträgen von 1530 herausstellen, dass man die Delinquentin in der Schranne Astätt wegen fehlender Beweise nicht richten könne, so müsse sie zur Abstrafung nach Mattsee zurückgebracht werden. Für die Übernahme durch das Gericht Braunau waren zweieinhalb Tage, zwei Pferde und ein Diener erforderlich. Der bayerische Amtmann brachte die Delinquentin in die »Gerichtsfronvest« [Gerichtsgebäude mit Gefängnis] nach Braunau und erhielt neben anderen Gebühren auch »Aztung und Eisengelt« [Geld für Verpflegung und die Fesseln]. Die Informationstafel bei Gebertsham enthält noch einige Beispiele von Auslieferungen. Von Gebertsham führt der Weg weiter über Wichenham in die Nähe zur Kirche von Astätt.

Die Köpfstätte Astätt

Am nordwestlichen Ortsende von Astätt befindet sich am Fuße des Kirchenhügels ein unbewohntes, altes Holzhaus, der ehemalige Krämer. Im Gärtchen steht eine alte Steinsäule, in deren steinernem Aufsatz in der Nische ein erneuertes Blechbildchen mit einer Hinrichtungsszene lehnt. Hunderte Zuschauer beobachteten einst die Enthauptung von Delinquenten an diesem Ort. Während an größeren Richtstätten meist die Köpfstätte, der Galgen und das Richtrad vereint waren und auch die Hinrichtungen durch Verbrennen dort stattfanden, gab es in Astätt nur eine Köpfstätte, der Galgen befand sich am »Penzenberg« in der Nähe von Babenham.

Abb. 20. *Im Aufsatz der Steinsäule an der ehemaligen Köpfstätte in Astätt befindet sich in der Nische ein Blechbildchen, das an die letzte Enthauptung im Jahr 1762 erinnert.*

Abb. 21. Im Wirtshaus, dem einzigen bayerischen Haus zu Astätt, befand sich einst das »Arme-Sünder-Stüberl«.

Die Enthauptung der KATHARINA HIERSCHLAGER in Astätt im Jahr 1700

Das Todesurteil

Am 10. Dezember 1699 richtete man aus Burghausen den Befehl an Braunau, ein Todesurteil zu fällen. Dieses wurde in einem eigenen Verfahren »geschöpft«. Die Aussagen wurden in der so genannten »Urgicht« zusammengefasst und das Urteil im so genannten »Stillrecht« formuliert. Aus dem Gebiet von Feldkirchen, Eggelsberg und Munderfing trafen nun die Rechtsprecher, denen die Urteilsfindung oblag, ein. In zwei »Stillrechten« (unter Ausschluss der Öffentlichkeit) fiel die »Entscheidung nemblich das die Hierschlager mit dem Schwerdt von Leben zum Todt hinzurichten«.

Das »Arme-Sünder-Stüberl«

Im Anschluss wurden der Scharfrichter und die Regierung in Burghausen verständigt und die Delinquentin im Februar 1700 von Braunau zum bayerischen Wirt nach Astätt in das »Arme-Sünder-Stüberl« gebracht. Als geistlicher Beistand war ihr JOHANN PAUL STINUS beigegeben, um ihr »nach angekhinten Todt zur Seelenhaill mit geistlichen Mitln beliebig beyzuspringen«.

Der Hinrichtungstag

Am Hinrichtungstag führte man KATHARINA HIERSCHLAGER in die vor dem bayerischen Wirtshaus errichtete Schranne. Der Bannrichter brach nach der Urteilsverkündung den vom Amtmann aus Munderfing vorgelegten Stab. Nun gehörte sie als »Arme Sünderin« dem

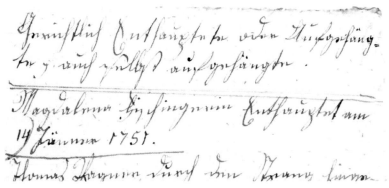

Abb. 22. »*Gerichtlich Enthauptete, oder Aufgehängte, auch selbst aufgehängte. Magdalena Fischingerin, Enthauptet am 14. Jänner 1751 . . . .*«. *Auszug aus einer Auflistung der letzten Hinrichtungen aus dem Pfarrarchiv von Lochen.*

Abb. 23. *Detail vom Hochaltar der Pfarrkirche von Lochen: Die Heilige KATHARINA mit Richtschwert und Richtrad von MEINRAD GUGGENBICHLER (1709). Auftraggeber war Dechant JOHANN PAUL STINUS, der im Jahr 1700 KATHARINA HIERSCHLAGER bis zum Tod begleitete. Eine Parallele?*

Scharfrichter, der sie zur Köpfstätte führte. Dort bildeten mit Hellebarden bewaffnete Wächter einen Kreis. Schnee und Eis waren im Vorfeld von einigen Untertanen geräumt worden.

Die Exekution

Der Scharfrichter fesselte die Todeskandidatin auf einen Stuhl, verband ihr die Augen und führte den Schwertstreich noch während sie mit dem Geistlichen laut betete. Nach einer Ermahnungsrede durch die Geistlichkeit legten die Scharfrichterknechte Kopf und Körper in eine hölzerne Truhe. Danach wurde die Hingerichtete – entgegen dem sonst üblichen Brauch – in geweihtem Erdreich auf dem Friedhof von Astätt bestattet.

Bisher sind zwei weitere Hinrichtungen mit dem Schwert bekannt. Am 14. Jänner 1751 wurde um 10 Uhr vormittags die 44-Jährige, fünffache Mutter MAGDALENA ZAGLER aus Obertrum unter den Augen von Hunderten Zuschauern vom Burghausener Scharfrichter durch das Schwert hingerichtet. Am 8. Februar 1762 wurde die minderjährige MAGDALENA BISCHELSROIDER aus Seeham als letzte Delinquentin in Astätt enthauptet.

Das Wehrertüchtigungslager Astätt

Das RAD-Lager (Reichsarbeitsdienstlager) bzw. ab 1940 Wehrertüchtigungslager Astätt erstreckte sich an der südlich gelegenen Seite von Astätt. Im Lager herrschte der damals gebräuchliche Kasernenbetrieb zur vormilitärischen Ausbildung von Jugendlichen. Zwischen der Ortschaft Feldbach und Petersham erinnert die »Schießstattwiese« noch an den damaligen Schießplatz. Reste sind im Wald noch sichtbar. Die Baracken wurden am Ende des Krieges als Flüchtlingslager für Sudetendeutsche, Polen, Serben und Ungarn verwendet und dienten bis Ende der 1950er Jahre für zahlreiche Heimatlose und Vertriebene als vorläufige Unterkunft. Durch die anwesenden Flüchtlinge (bis 461 Personen) kam es zu zahlreichen Spannungen auch mit der einheimischen Bevölkerung. Von den Baracken ist heute nichts mehr zu sehen.[5]

Abb. 24. *Das RAD-Lager Astätt mit Blickrichtung zum Tannberg.*

»Die arme Sünderin« – Ein Theaterstück bewegt eine Gemeinde

Ende Juni bis Anfang Juli 2012 inszenierte der Theaterverein Lochen im Rahmenprogramm der bayerisch-oberösterreichischen Landesaustellung mit 27 Haupt- und Nebendarstellern, über 100 Statisten und zahlreichen Helfern das Historienspiel »Die arme Sünderin«. Das Stück wurde vom Verfasser u. a. nach Verhörprotokollen aus dem Salzburger Landesarchiv sowie Briefen eines Astätter Geistlichen aus dem Pfarrarchiv von Lochen verfasst. Es handelt vom tragischen Ende der wegen Betrugs vom Pfleggericht Mattsee an das bayerische Pfleggericht Braunau ausgelieferten MAGDALENA ZAGLER, einer fünffachen Mutter aus Obertrum, die am 14. Jänner 1751 vom Burghausener Scharfrichter enthauptet wurde.

Das Reichsarbeitsdienst (RAD)-Lager Astätt. – S. 189–192 in: Das kann nur Lochen sein …, Heimatbuch der Gemeinde Lochen; Ried im Innkreis, 2005.

Abb. 25. *Sechs Freiluftaufführungen lockten über 3000 Besucher an den Originalschauplatz nach Astätt.*

Lage und Anfahrt: »Der Weg eines Delinquenten« als Teil des »Richtstättenweges Lochen« hat seinen Ausgangspunkt in Mattsee. Dieser Ort ist aus Richtung Salzburg, Neumarkt, Seekirchen und Mattighofen mit öffentlichen Verkehrsmitteln erreichbar. Öffentliche Toiletten befinden sich am Ausgangspunkt beim Schlossberg, beim Aussichtsplateau bei Gebertsham und etwas abseits in Lochen beim Friedhof.

Wegverlauf, Länge und Zeitaufwand: Zu Fuß (entlang einer Teilstrecke der Via Nova) von Mattsee über Ramoos zum Gut Berndler. Dort auf dem Waldweg oberhalb des Mattsees über Gebertsham bis zur Kirche von Astätt. Von Gebertsham aus bietet sich ein Abstecher nach Reitsham an (ca. 2 km). Dort befindet sich die Schmiedhausl-Kapelle mit einem Türportal aus dem Schloss Mattighofen. Daneben besteht eine Einkehrmöglichkeit im urigen Landgasthaus Mühlbacher »Paula z' Reitsham«. Der Rückweg führt schließlich von Astätt über den Seerund-

Abb. 26. *Die Kirche von Astätt von Norden betrachtet.*

weg bei Niedertrum unterhalb von Rackersing nach Stein und weiter nach Aug und schließlich zum Parkplatz Nord (Bushaltestelle) bzw. zum Stiftsplatz nach Mattsee (Bushaltestelle). Mit dem Fahrrad von Mattsee über Ramoos nach Saulach und über den als Radweg ausgewiesenen Feldweg nach Gebertsham. Rückweg von Astätt über Rackersing nach Haag und von dort zurück nach Mattsee.
Gemütliche Ganztageswanderung, Länge 15 km.

Literatur

Der Verfasser dankt Herrn Univ.-Prof. Dr. HEINZ DOPSCH für die fachliche Beratung. Der Inhalt des Beitrags basiert auf Vorträgen und den Inhalten der Informationstafeln. Quellenangaben und vertiefende Informationen finden Sie in den folgenden Veröffentlichungen des Autors.

HANDLECHNER, H. 2010. »... das die Reittsamerin mit dem Schwerdt von Leben zu Todt hinzurichten« Die Enthauptung der Catharina Hierschlager in Astätt im Jahr 1700. – Der Bundschuh 2010: 87–97.
– 2011. Die arme Sünderin Magdalena Zagler. – S. 47–59 in: Das Bundwerk, Ried.
– 2011. Lochen im Innviertel – Ein Grenzfall zwischen Mattsee und Braunau. – Mitteilungen der Gesellschaft für Salzburger Landeskunde, Salzburg 2011: 207–238.
– 2011. Lochen im Innviertel – Ein Grenzfall. – S. 281–291 in: STREITT, U., G. KOCHER & E. SCHILLER (Hrsg.), Schande, Folter Hinrichtung, Forschungen zu Rechtsprechung und Strafvollzug in Oberösterreich, Studien zur Kulturgeschichte von Oberösterreich; Linz.
– 2011. Die Rechtsdenkmäler der Innviertler Gemeinde Lochen. – S. 293–305 in: STREITT, U., G. KOCHER & E. SCHILLER (Hrsg.), Schande, Folter Hinrichtung, Forschungen zu Rechtsprechung und Strafvollzug in Oberösterreich, Studien zur Kulturgeschichte von Oberösterreich; Linz.
– 2011. Ein salzburgisch-bayerischer Leichenbeschaustreit im Jahr 1729. – S. 327–328 in: STREITT, U., G. KOCHER & E. SCHILLER (Hrsg.), Schande, Folter Hinrichtung, Forschungen zu Rechtsprechung und Strafvollzug in Oberösterreich, Studien zur Kulturgeschichte von Oberösterreich; Linz.

TARNANTONE

A. OVILAVA M.P. LI
A. IVVAVO M.P. XIII

MMIV A.D.

Grenzwanderungen um Neumarkt am Wallersee

GERHARD L. FASCHING

Von Neumarkt aus hat sich die Idee von Grenzwanderungen in ganz Österreich verbreitet. Die Lage an einer ehemaligen Staatsgrenze, eine vielfältige Naturlandschaft, das reiche kulturelle Erbe sowie eine aufgeschlossene Gemeindeverwaltung und die interessierte Bevölkerung machen die jährliche Grenzwanderung zu einem kulturellen Fixpunkt der Wallerseeregion.

Die Erhebung von Neumarkt zur Stadt am 24. September 2000 war der Anlass, auch aus der Sicht der Geographie, Geowissenschaften und Heimatkunde zu diesem Großereignis beizutragen. Kristallisationspunkt war das damals eben erst neu revitalisierte Museum in der Fronfeste. Dieses kleine, aber feine Museum war unter anderem Treffpunkt einer Reihe von heimatkundlich Interessierten.

Angesprochen und unterstützt vom neuen Bürgermeister Dr. E. RIESNER wurde zunächst ein Konzept für Grenzbegehungen als ein mediales Ereignis anlässlich der Stadterhebung sowie für jährliche Folgeveranstaltungen entwickelt.

Als Auftaktveranstaltung zur Stadterhebung wurde daher eine Grenzbegehung mit zahlreichen Experten aus der Region sowie unter reger Beteiligung durch die interessierte Bevölkerung durchgeführt. Gemäß dem alten antiken und dann spätmittelalterlichen Brauch wurde damit offiziell das Gebiet der politischen Gemeinde in Besitz genommen. Genauso wie eine Ehe erst nach dem Vollzug rechtlich gültig war, mussten früher der Amtmann und die Gemeinderäte nach ihrer Wahl, gemeinsam mit Vertretern der Nachbargemeinden, die Gemeindegrenze abmarschieren. Erst dann war ihre Wahl rechtsgültig. Das hatte außerdem den Vorteil, dass auf diese Weise der eindeutige Verlauf der Grenze immer auch der nächsten Generation bekannt war und Grenzstreitigkeiten dadurch weitgehend vermieden werden konnten. Das war früher besonders wichtig, weil es noch keine genauen Vermessungsunterlagen gab. Erst mit der Einführung des Grundbuches bei den Bezirksgerichten und der gleichzeitigen Anlage des (Franziszeischen) Katasters 1 : 2880 ab 1817 im Kaisertum Österreich fiel die Notwendigkeit von Grenzbegehungen weg. Damit geriet auch das damit verbundene Volksbrauchtum in Vergessenheit und wurde erst 180 Jahre später in Neumarkt erstmalig in Österreich wiederbelebt.

Am 9. September 2000 wurde unter der Leitung des Bürgermeisters der erste Abschnitt der Gemeindegrenze begangen, um den genauen Grenzverlauf im Gelände nachzuvollziehen, allgemeine Heimatkundekenntnisse entlang des Weges zu vertiefen sowie um damit das Regionalbewusstsein zu stärken. Das ist bei einer der Umlandgemeinden der Stadt Salzburg, wie Neumarkt, besonders wichtig wegen des hohen Zuzugsanteils der Bevölkerung. Sogar einen literarischen Niederschlag fand diese erste Grenzbegehung im Kriminalroman »Die Erhebung« von W. BACO 2001.

So eine Grenzbegehung war früher eine sehr wichtige Sache. Neben den Erwachsenen wurden auch Buben – als zukünftige Hoferben und Gemeindevertreter – mitgenommen. Das geschah deshalb, da man annehmen konnte, dass diese das Wissen über die Lage von Grenzmarken einige Jahrzehnte lang bewahren und weitergeben konnten. Solche Grenzmarken waren Grenzbäume, Grenzsträucher, Grenzzäune oder sonstige auffällige Geländepunkte. Viel später erst – nach der Erstarkung der Grundherrschaften als Verwaltungseinheiten der untersten Ebene – erfolgte die Kennzeichnung der Grenze durch eigene

Abb. 27. *Die römische Grenzsäule bei Eggerberg, an der Gemeindegrenze zwischen Neumarkt und Henndorf wurde bei der Grenzbegehung 2004 gesetzt und soll an die ehemalige römische Pferdewechselstation Tarnantone (die auch in der Tabula Peutingeriana verzeichnet ist) erinnern, die sich hier in nächster Nähe befand.*

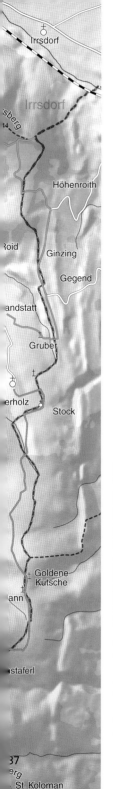

technische Grenzvermarkungen, wie Grenzsteine oder Steinmarken. Bei der Grenzbegehung an solchen Grenzpunkten galt es Zeugnis abzulegen. Das erfolgte durch einen Backenstreich, genauso wie früher einmal bei der Firmung. Aus dem Memorialbackenstreich wurde im Brauchtum meist eine ordentliche Ohrfeige als Erinnerungshilfe. Im ländlichen Raum existierte dieser Brauch bis zur Mitte des 19. Jahrhunderts. Dann ersetzten das Grundbuch und die Katastralmappenblätter die Ohrfeige.

Grenzen und Grenzbegehungen

»Grenzen haben eine wichtige kulturelle Funktion: Ohne Grenzen im Zusammenleben von Menschen, besonders in den entwickelten dicht besiedelten Gebieten, würde Anarchie herrschen. Wenn aber die sinnhaften Abgrenzungen in Verwaltung und Gesellschaft zur Schaffung von Ordnung und Rechtssicherheit aber in Abschottung oder Ausgrenzung umschlagen, dann sind innere und äußere Konflikte eine fast zwangsweise Folge.«

Gedanken zu Grenzen aus dem Ziviltechniker-Bericht für die Stadtgemeinde von GERHARD L. FASCHING 1999, S. 4.

Unter Grenze versteht man die (gedachte) Linie, die zwei Grundstücke, Verwaltungseinheiten, Länder, Staaten oder Bereiche (z. B. Klimazonen) voneinander trennt. Die Gemeindegrenze ist daher

Abb. 28. *Seit der Stadterhebung von Neumarkt am Wallersee im Jahr 2000 wird jährlich unter der Führung des Bürgermeisters eine Grenzwanderung durchgeführt. Damit wird einerseits der alte Brauch der Grenzbegehung vor der Einführung von Grundbuch und Katastralmappe wiederbelebt, um den überlieferten genauen Verlauf der Gemeindegrenze den Gemeindevertretern, Anrainern und zukünftigen Hoferben in Erinnerung zu rufen sowie anderseits der heimatkundlich interessierten Bevölkerung geographische und historische Landeskunde zu vermitteln.*

Abb. 29. Das Museum in der Fronfeste der Stadt Neumarkt am Wallersee, Hauptstraße 27. Dieses wichtige kulturelle Zentrum der Wallerseeregion ist seit 1997 in dem ehemaligen Amtmann- und Gefängnisgebäude der Grundherrschaft Lichtentann untergebracht. Große Verdienste um die Erhaltung und geschickte Renovierung dieses architektonischen Kleinods hatte sich der neue Besitzer Kaspar Leinmüller (1924–2008) erworben. Weitere Informationen siehe: www.fronfeste.at/.

jene Linie, welche die örtliche Zuständigkeit der kommunalen Gebietskörperschaft begrenzt. Der Grenzverlauf ist durch Normen des Verwaltungsrechtes bestimmt, ist im Gelände durch Grenzzeichen (Grenzsteine, Grenzpflöcke, Grenzpfähle, Grenzmarken/ Fels, Grenzbojen/Gewässer, …) markiert, genau vermessen und im Rahmen der Grundstücksdatenbank online für Berechtigte einsehbar.

Neumarkt ist eine junge Gründung aus der Mitte des 13. Jahrhunderts und umfasste ursprünglich nur die heutige Katastralgemeinde »Markt«. Im Jahr 1939 erfolgte im Rahmen einer großen Verwaltungs- und Gebietsreform die Vereinigung der Gemeinden Neumarkt und Köstendorf zu einer Großgemeinde. Die Kirchsprengel wurden damals ebenfalls geändert und entsprechen den heutigen Gemeindegebieten. Erst 1950 kam es wieder zur Trennung, wobei zehn Ortschaften (die Katastralgemeinden Neumarkt Land, Matzing und Neufahrn) zu Neumarkt kamen.

Die Gemeindegrenze ist aber auch jene Linie, die gemäß Vermessungsgesetz die Zugehörigkeit von Grundstücken zu einer bestimmten Katastralgemeinde und damit zu einer politischen Gemeinde festlegt. Sie ist graphisch früher in den Katastralmappenblättern bzw. heute der digitalen Katastralmappe des Bundesamtes für Eich- und Vermessungswesen dargestellt.

Da die Gemeindegrenze von Neumarkt am Wallersee mit rund 32 Kilometern eine beträchtliche Länge und vor allem auch ein erhebliches Relief aufweist (tiefster Punkt = Wallersee 505 m, höchster Punkt = Lehmberg 1027 m), hat sich die Durchführung der – nunmehr Grenzwanderung genannten – Veranstaltung in mehreren Etappen als zweckmäßig erwiesen. Eine gesonderte Ausschilderung ist keine vorhanden, es empfiehlt sich die Verwendung einer Österreichischen Karte 1:50 000 UTM Kartenblatt NL33-01-04 Salzburg oder einer Wanderkarte.

Erster Abschnitt der Grenzwanderung: Wallersee – Bahnhof – Pfongau

Für die 16 Kilometer lange Wanderung ohne nennenswerte Steigungen sind 4,5 Stunden zu veranschlagen.

Ausgangspunkt für die Grenzwanderung ist der Parkplatz beim Strandbad von Neumarkt, erreichbar von der Bundesstraße 1 aus über eine Gemeindestraße mit der Ausschilderung »Matzing« und »Strandbad«. Das ist eine im Sommer sehr beliebte Freizeiteinrich-

Abb. 30. *Zwei der 14 Schautafeln am »Schanz-wall-Weg« (errichtet 2001 durch das Team HÄUPL /IBETSBERGER). Damit ist eine vorbild-liche Visualisierung eines lange Zeit verges-senen regionalen Erinnerungsortes, einer Renaissance-Kleinfestung an der fürsterzbi-schöflichen Staatsgrenze, gelungen. Denn »Groß ist die Kraft der Erinnerung, die Orten innewohnt« wusste schon MARCUS TULLIUS CICERO (106–43 v. Chr.).*

tung an der Ostbucht des Wallersees. Durch den Eisenbahnanschluss im Jahr 1860 von Neumarkt-Köstendorf an die private k. u. k. privilegierte Kaiserin-Elisabeth-Bahn, heute Westbahn, entwickelte sich die Wallerseere-gion zu einem beliebten Sommertourismus-ziel. 1884 erfolgte die Verstaatlichung der Bahn, 1902 der zweigleisige Streckenausbau und 1938 die Elektrifizierung. Derzeit laufen die Planungen einerseits für eine Ertüchtigung der Westbahn für Höchstgeschwindigkeiten bis 300 km/h für den Fernverkehr sowie anderseits für die Verbesserung des Regionalverkehrs durch den Schnellbahn-Taktverkehr Salzburg–Straßwalchen.

Interessante Einblicke in die Fischzucht und Berufsfischerei erhält man bei einem Besuch der Fischzuchtanstalt in der Wallerseebucht ①. Durch eine Seespiegelabsenkung wurde Platz für eine Ringabwasserleitung geschaffen, sehr zum Missvergnügen der Badehüttenbesitzer, die nunmehr durch diese Leitungstrasse (Seepromenade) vom Wasser abgeschnitten sind. Dafür hat der See nun wieder Trinkwasserqualität.

Das Naturschutzgebiet Wengermoor beginnt ab der Brücke über den Wallerbach, der zu-gleich die Gemeindegrenze bis zur Kläranlage bildet. Das ist eine bewegliche Grenze, denn der stark gewundene Bachverlauf änderte sich im Laufe der Zeit durch Abtragung am Prallhang und Anlandungen am Gleithang.

Abb. 31. *Am Schnittpunkt der Gemeinde-grenzen von Köstendorf, Neumarkt am Wal-ersee und Straßwalchen (②) wurde bei der Grenzbegehung 2000 ein Grenzstein gesetzt. Die Dreieckmark Bahnhof ist ein typischer germanischer Grenzpunkt an der natürlichen Grenze eines Grenzgrabens (zwischen den Ur-pfarren und heutigen Gemeinden Köstendorf und Straßwalchen) einerseits und andererseits zwischen dem auch heute noch bewaldeten Schotter-Riedel (Köstendorf und Straßwalchen) und den fruchtbaren Landwirtschaftsflächen heute Stadtgemeinde Neumarkt und ÖBB-Grundstücke im Bahnhofsbereich Neumarkt-Köstendorf).*

Abb. 32. Im Gegensatz zur jungen Stadt des Flachgaues Neumarkt ist die Nachbargemeinde Köstendorf nach wie vor stark agrarisch geprägt. Im Bild Bürgermeister KROISS, der die Grenzwanderer mit Bio-Äpfeln aus Köstendorf stärkt. Von großem Interesse waren seine Ausführungen über den Strukturwandel in der Landwirtschaft nach dem Eisenbahnanschluss seiner Gemeinde.

Für die moderne Infrastruktur einer Kommune ist die Wasserversorgung und Abwasserentsorgung von großer Bedeutung. Durch die charakteristische Streusiedlung im Flachgau ist in Neumarkt beides sehr aufwändig. Eine leistungsfähige vollbiologische Kläranlage und der laufende Anschluss der Weiler an das Kanalnetz sind wichtige Beiträge zur Hygiene. Dazu zählen auch eine straff organisierte Mülltrennung und Müllentsorgung. Im Bereich des Bahnhofes besteht eine leistungsfähige Mülltrennungsanlage für die gesamte Wallerseeregion.

Am Grenzpunkt der Stadtgemeinde Neumarkt zur Gemeinde Köstendorf und zur Marktgemeinde Straßwalchen wurde anlässlich der 1. Grenzbegehung die Dreieckmark Bahnhof errichtet ②.

Beim Gehöft Hofstätter wird der nördlichste Punkt der Gemeinde erreicht. Interessant ist, dass der hochmittelalterliche Hof bis in die Nachkriegszeit höher inmitten der Rodungsinsel lag, aber aus betriebswirtschaftlichen Gründen auf den heutigen Standort verlegt wurde.

Zweiter Abschnitt der Grenzwanderung:
Pfongau – Irrsberg – Gruber – Brandstattgut

Für die 8 Kilometer mit 700 Höhenmetern sind 3 Stunden zu veranschlagen.

Von Pfongau mit einer kunsthistorisch bedeutsamen Filialkirche führt die Grenzwanderung zunächst auf den Irrsberg (844 m), ein markanter Aussichtsberg und nördlichster Eckpfeiler des Kolomansbergrückens. Hier hat man einen ausgezeichneten Überblick auf die Zeugen der eiszeitlichen Vergletscherung. Im Westen auf das Zungenbecken des ehemaligen Wallersee-Zweiges des pleistozänen Salzachgletschers und im Osten auf das Irrsee-Zweigbecken des ehemaligen Trauengletschers.

Die jüngste Periode der Erdgeschichte, das Quartär (1,8 Millionen Jahre bis heute), wurde geprägt durch das Eiszeitalter. Dieses kennzeichnet ein rascher Wechsel von Kalt- und Warmzeiten. Während der Kaltzeiten kam es weltweit zu einer markanten Absenkung der Lufttemperatur und zu einem raschen Anwachsen der Gletscher. Bei uns in den Alpen sind Ablagerungen der vier letzten Kaltzeiten deutlich zu unterscheiden: Günz-, Mindel-, Riß- und Würm-Eiszeit. Der Höhepunkt der Eisausdehnung der Würm-Kaltzeit, das Hochgla

Abb. 33. Bei der ersten Grenzbegehung 2000 wurde an der Dreieckmark Bahnhof (②) ein Granitstein gesetzt. Im Rahmen der zweiten Grenzwanderung 2001 wurde in steiler Hanglage am Grenzpunkt zwischen den Katastralgemeinden Irrsdorf, Neumarkt und Straßwalchen (③) eine rot-weiße Eichensäule aufgestellt, was sich aufgrund der feuchten Witterung als recht schwierig gestaltete.

zial, ist vor rund 20 000 Jahren anzusetzen. Damals waren rund 150 000 km^2 der Alpen und des Alpenvorlandes mit Eis bedeckt. Alle Täler der Alpen waren von mächtigen Eisströmen erfüllt. Daraus entwickelte sich ein großes, zusammenhängendes Eisstromnetz, mit Gletscherzungen, die im Norden und Süden weit in die Vorländer reichten. Das Einzugsgebiet des Salzachgletschers umfasste die gesamte Nordabdachung der Hohen Tauern sowie einzelne Gletscher der Kalkalpen, wie am Hochkönig oder am Untersberg. Die Eisoberfläche lag bei Lend im Salzachtal auf ca. 2600 Metern Höhe, d. h. der Salzachgletscher hatte dort eine Mächtigkeit von fast 2000 Metern! Aus der Eisoberfläche ragten nur die höchsten Berggipfel (über 2500 m) heraus. Im Bereich der heutigen Stadt Salzburg vereinigten sich die beiden Eisströme aus dem Salzach- und Saalachtal und bildeten einen gemeinsamen Vorlandgletscher mit mehreren Gletscherzungen im salzburgisch-bayerischen Grenzraum aus. Einer dieser Gletscherzungen schürfte das Wallersee-Becken aus. Die einzelnen Zweigbecken werden von Endmoränenkränzen umspannt, die das Gletscherende nachzeichnen.

Vor rund 10 000 Jahren endete die letzte große Vereisung und es begann der Eiszerfall. Übrig blieben im Zweigbecken eine leicht hügelige bis sanftwellige Grundmoränenlandschaft des Salzburger Flachgaus mit seinen Seen sowie außerhalb davon mächtige Sanderflächen.

Dritter Abschnitt der Grenzwanderung:
Sommerholz – Stock – Kolomanstaferl – (Kolomansberg) – Kienberg

Für die 15 bzw. 10 Kilometer lange Wanderung mit 800 Höhenmetern sind 7 bzw. 5 Stunden zu veranschlagen.

Der Kolomansbergzug ist aus Flyschgesteinen aufgebaut. Beim Flysch handelt sich um Meeresablagerungen in Wechsellage von Tonen, Kalkmergeln und Sandsteinen. Diese entstanden durch lawinenartiges Abgleiten von tonigem bis sandigem Material aus dem Bereich des Kontinentalsockels in die Tiefseesenken des ehemaligen Tethys-Ozeans. Im Rahmen der Heraushebung der Alpen wurden auch diese Meeresablagerungen zu Festland. Man findet diese Formationen meist stark verfaltet, sodass die Verwitterung leicht ansetzen kann. Die aus feinkörnigem Material aufgebauten Gesteine verwittern leicht zu

Abb. 34. *Der Wallersee-Zweiggletscher des eiszeitlichen Salzach-Vorlandgletschers. Der blassblau gefärbte Bereich war während der Würm-Eiszeit vor 20 000 Jahren vergletschert und wurde von den Würm-Endmoränen (braun) begrenzt. – Nach EBERS, WEINBERGER & DEL NEGRO, 1966.*

meist tiefgründigen, nährstoffreichen, schweren Lehmböden mit hoher Wuchskraft. Sie neigen aber auch zu Tagwasserstau und in Verebnungen zur Bildung von Nassgallen. Morphologisch finden wir hier deshalb sanfte Oberflächenformen. In steilen Hangpartien sind Massenbewegungen wie Hangkriechen und Rutschungen häufig. Das erschwert u. a. den Forstwegebau und die Bringung.

Auf diesem Wegabschnitt ergibt sich oftmals ein herrlicher Blick auf die Kulturlandschaft des Flachgaues, die durch die vorherrschende Viehhaltung und damit Gründlandwirtschaft geprägt ist. Im Siedlungsbild sind die zahlreichen kleinen Ortschaften (Weiler) charakteristisch. Die dorfartigen Großweiler der Stadtgemeinde Neumarkt weisen kunsthistorisch bedeutsame Filialkirchen und eine bodenständige Gastronomie auf.

Diese Etappe folgt den Spuren der Kelten bzw. der norisch-römischen Mischbevölkerung der Spätantike. So war die »Goldene Kutsche«, so genannt nach einer Sage, mit hoher Wahrscheinlichkeit ein alter heidnischer Kultplatz.

Vierter Abschnitt der Grenzwanderung:
Kienberg – Ruine Lichtentann – Neufahrn – Eggerberg

Für die 4 Kilometer mit 200 Höhenmetern sind 1,5 Stunden zu veranschlagen.

Geologisch verläuft diese Etappe der Grenzwanderung wieder im Flysch. Etliche der zahlreichen Quellen an den Quellhorizonten wurden gefasst. Deren Wasser wird zum neuen Hochbehälter Haldingerbach gepumpt, von dem aus die Wasserversorgung von Neumarkt zum größten Teil erfolgt.

Das Wasserangebot wurde früher auch zum Betrieb von Wassermühlen genutzt. Allein in Neumarkt gab es 19 Mühlen, die aber im Zuge der Konzentrationstendenzen der Wirtschaft nicht mehr wettbewerbsfähig waren und den Mühlenbetrieb schrittweise einstellten.

Der Siedlungsname Roid (Vorderroid, Hinterroid, Lengroid, Kollmannsroid) ist abgeleitet von »roden« und erinnert an die hochmittelalterliche Rodungs- und Siedlungsepoche in einer Warmzeit. Damals erfolgte die landwirtschaftliche Erschließung auch der Hangpartien des Kolomansbergrückens. Neumarkt weist deshalb im Bergbauernkataster etliche Bergbauern-Betriebe aus.

Einen weiteren massiven Umbruch im Landwirtschaftsbereich gab es 1860 nach dem Eisenbahnanschluss von Neumarkt-Köstendorf an die Kaiserin-Elisabeth-Bahn, heute Westbahn. Durch den kostengünstigen Transport von billigem ungarischem Getreide in die Salzburger Gebirgsgaue brach der Ackerbau im Flachgau zusammen. Erst mit massiver staatlicher Unterstützung erfolgte die Umstellung auf Grünlandwirtschaft (Schlachtvieh, Milchwirtschaft, u. a. viele kleine Käsereien). Durch die Lage am Alpennordrand und die dadurch bedingten erhöhten Niederschläge können die Wiesen fünfmal im Jahr genutzt werden: zur Beweidung im Frühjahr und Herbst (»Kramet«) sowie dreimal zur Heu- oder Silage-Gewinnung.

Die Wälder sind zum größten Teil im Besitz von Landwirten. Große Forstflächen werden von der Mayer-Melnhof'schen Forstverwaltung in Glanegg (Grödig) bewirtschaftet. 1875

Abb. 35. Einer der interessanten Berichte eines örtlichen Experten erfolgte bei der 4. Etappe der Grenzwanderung durch den Leiter der Neumarkter Jägerschaft. Ziel der Jagd ist der Erhalt eines gesunden und ökologisch vertretbaren Wildbestandes im Revier, um Verbissschäden, besonders an Tannen, Weichholz und Jungfichten, zu minimieren. An die Grenzwanderer als Multiplikatoren wurde appelliert, die Einstände des Wildes zu respektieren, um einen Dauerstress der Wildtiere beim Verlust von Ruhezonen durch Wanderer und Mountainbiker abseits der Forststraßen zu vermeiden.

Abb. 36. *Grenzsäule an der Gemeindegrenze zwischen Henndorf und Neumarkt am Wallersee (④) im Stil eines römischen Meilensteins, errichtet bei der Grenzbegehung 2003 an der Bundesstraße 1 Richtung Linz am Eggerberg. Wie die Vorgänger vor 1900 Jahren wurde die Grenzsäule in den römischen Maßen stilecht aus Untersberger Marmor hergestellt. Die Grenzsäule soll an das antike Erbe der Gemeinde erinnern, denn ganz in der Nähe befand sich die Poststation Tarnantone (Steinfeld westlich von Neufahrn) an der römischen Staatsstraße von Iuvavia (Salzburg) nach der Hauptstadt von Noricum, Ovilava (Wels). Im Bild links der Organisator der Grenzwanderungen G. L. FASCHING, in der Mitte der Leiter, der Bürgermeister Dr. E. RIESER sowie rechts der Kunsthistoriker (u. a. Kirchenführung in Neufahrn) F. P. ENZINGER.*

wurde das Revier Henndorf (901 ha, Teile davon liegen in Neumarkt) vom Urgroßvater des heutigen Besitzers MAXIMILIAN (Baron) MAYR-MELNHOF durch Kauf erworben. Vorbesitzer war das k. u. k. Ärar als Rechtsnachfolger der Besitzungen der Salzburger Erzbischöfe. Nach dem verlorenen Krieg gegen Preußen 1866 wurden zur Deckung der Schulden viele staat-

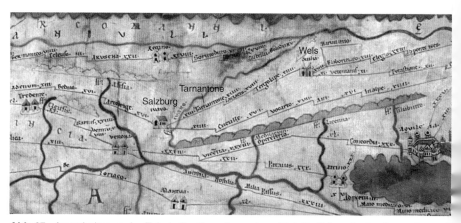

Abb. 37. *Ausschnitt aus der Tabula Peutingeriana, der mittelalterlichen Kopie einer schematischen römischen Straßenkarte. Diese umfasste das gesamte römische Staatsstraßennetz der Spätantike im Umfang von rund 100 000 Kilometer. Diese Straßen (lat. »viae publicae«) waren so breit, dass sich zwei Fuhrwerke gerade begegnen konnten. Der Fahrdamm war leicht gewölbt, um Oberflächenwasser rasch abzuleiten, und meistens befestigt: durch Kies oder Schotter auf dünner Packlage, durch Platten oder durch Steinpflaster. Die Wegtrassierung war rücksichtslos, denn es wurde eine möglichst gestreckte Linienführung angestrebt. Mithilfe der in regelmäßigen Abständen vorhandenen Pferdewechselstellen (lat.: »mutationes«) konnte ein Postwagen mehr als 200 Kilometer in 24 Stunden zurücklegen*

Abb. 38. *Nicht nur zu Land, sondern auch zu Wasser erfolgte die Grenzwanderung 2003. Mit Bundesheer-Unterstützung wurde mit einem Pionierboot, gesteuert vom Milizoffizier Bezirkshauptmann Salzburg-Umgebung Hofrat Dr. R.* MAYER, *der Schnittpunkt der Gemeindegrenzen von Henndorf, Köstendorf und Neumarkt (⑤) erreicht und so die letzte Etappe der Grenzwanderungen bewältigt werden. Äußerst interessant waren seine profunden Kenntnisse über Land und Leute, sodass auch diese exklusive Grenzwanderungsetappe für alle Beteiligten in bester Erinnerung blieb.*

liche Besitzungen privatisiert. Bei den Holzarten überwiegt die Fichte mit 63 %, Laubhölzer haben einen Anteil von 32 %. Von den Schlägerungs- und Bringungsarbeiten werden in Salzburg etwa 20 % mit dem eigenen Forstarbeiterstand durchgeführt. Der Rest wird durch Bauernakkordanten, Schlägerungsunternehmer und Stockholzwerber durchgeführt.

Vom Sitz der ursprünglichen Grundherrschaft der TANNER in Lichtentann sind nur noch einige Mauerreste erhalten geblieben, denn nach einem Großbrand wurde die Burg aufgelassen und das Pfleg- und Landgericht nach Altentann (heute Ruine im Bereich des Golfplatzes) verlegt und von dort 1680 nach Neumarkt. Im Zuge der Gerichtsreform wurde 1848 das Bezirksgericht Neumarkt bei Salzburg geschaffen.

Am Ende der Steigung am Eggerberg begrüßt die Ankömmlinge auf der Bundesstraße 1 eine Grenzsäule nach dem Muster eines römischen Meilensteines. Sie erinnert einerseits an die ganz in der Nähe verlaufende römische Staatsstraße vom heutigen Salzburg (Iuvavum) nach Wels (Ovilava) sowie anderseits an die römische Poststation Tarnantone, heute wahrscheinlich Neufahrn, die bereits auf der Tabula Peutingeriana verzeichnet ist.

Fünfter Abschnitt der Grenzwanderung:
Eggerberg – Übersetzmanöver über den Wallersee – Wallersee-Ostbucht

Für die 2 Kilometer ohne Steigungen ist 1 Stunde zu veranschlagen.

Nicht gerade alltäglich war bei der ersten Umrundung der Gemeindegrenze auch die Befahrung der nassen Grenze im Wallersee mit Wasserfahrzeugen. Dank der Unterstützung durch das Militärkommando Salzburg und des Pionierbataillons 2 konnte eine Seequerung mit zwei Pionierbooten mit Außenbordmotor durchgeführt werden. Dank GPS, heute bereits auf Mobiltelefonen verfügbar, konnte der Grenzpunkt, abgeleitet von den Uferanteilen der Gemeinden, genau angesteuert werden.

Mit einer Länge von 5,7 Kilometern, einer Breite von 1,9 Kilometern und einer Wasserfläche von 6,4 Quadratkilometern ist der Wallersee der größte der Salzburger Alpenvorlandseen. Er ist einer der Zungenbeckenseen des ehemaligen Salzach-Vorlandgletscher und wird

Abb. 39. *Einen würdigen Abschluss der 5. und letzten Etappe der Grenzwanderung erfolgte durch Unterzeichnung einer Erneuerung des Wallerseepaktes durch die Bürgermeister der Anrainergemeinden des Wallersees. Nur durch einen gemeinsamen Kraftakt gelang es in den Jahren 1955–1965 durch den Bau einer Abwasser-Ringleitung die Reinhaltung des Sees auf Dauer sicherzustellen. Der Bürgermeister überreichte dem jüngsten und dem ältesten Teilnehmer an der Grenzwanderung feierlich eine Urkunde.*

von den Endmoränen der Würm-Eiszeit begrenzt. Beim beginnendem Abschmelzen der eiszeitlichen Gletscher vor rund 19 000 Jahren floss der See bei einer Spiegellage von 550 Metern nach Norden über Straßwalchen und das Mattigtal ab. Heute erfolgt die Entwässerung nach Südwesten über die Fischach, die nach 16 Kilometern bei Muntigl (Bergheim) in die Salzach mündet. Im Jahr 1883 wurde der See künstlich um zwei Meter abgesenkt. Dadurch wurden ausgedehnte Randgebiete trockengelegt. Durch die geringe Seetiefe (maximale Tiefe 23,3 m) und die flachen Ufer entstand ein breiter Schilfgürtel. Durch Verlandung entstanden das Wengermoor (Natura2000 Europaschutzgebiet), dessen Hauptteil in Köstendorf liegt, sowie kleinere Moore im Bereich das Seeausflusses in Seekirchen. Von 1955 bis 1965 wurde der Wallersee noch einmal um einen Meter abgesenkt und die Fischach begradigt und eingetieft. Um die Moore zu erhalten, wurde in den letzten Jahren der Seespiegel wieder etwas angehoben. Im Rahmen von Grenzwanderungen geben mehrere Schautafeln naturkundliche Hinweise über das Naturschutzgebiet.

Literatur

DEINHAMMER, H. 2001. Haus- und Hofchronik Neumarkt am Wallersee. – 276 S.; Eigenverlag.

EBERS, E., L. WEINBERGER & W. DEL-NEGRO. 1966. Der pleistozäne Salzachvorlandgletscher. – Veröffentlichungen der Gesellschaft für bayerische Landeskunde, 19–22: 1–217.

ENZINGER, F. P. (Red.). 2000. Neumarkt am Wallersee – die junge Stadt im Flachgau. Festschrift zur Stadterhebung – Geschichtliche Grundlagen und Hintergründe. – 129 S.; Neumarkt am Wallersee (Stadtgemeinde).

GOIGINGER, J. 1993. Neumarkt am Wallersee. Die Entstehung seiner Landschaft und seine Geschichte. – 283 S.; Neumarkt am Wallersee (Marktgemeinde).

IBETSBERGER, H. J. & M. HÄUPL 2001: Untergrund und Landschaftsentwicklung des Wallerseegebietes. – S. 28–35 in: Grenzbegehung 2001 Neumarkt am Wallersee, 3.1; Neumarkt am Wallersee.

UMLAUFT, A. 1923. Geschichtliches aus Neumarkt und Umgebung. – 76 S.; Neumarkt (Graphia).

Klimawandel am Dachstein –
ein Phänomen einst und heute

JOHANNES THOMAS WEIDINGER

Das Massiv des Dachsteins liegt im Dreiländereck von Oberösterreich, Salzburg und der Steiermark. Die beschriebene Tour, für die man nicht nur konditionell, sondern auch von der hochalpinen Ausrüstung her bestens vorbereitet sein sollte, beginnt man am besten von der Ortschaft Obertraun im Trauntal aus. Bahnanbindung dorthin hat man vom oberösterreichischen Attnang-Puchheim oder vom steierischen Stainach-Irdning aus (www.oebb.at). Ein Bus bringt uns zur Talstation der Krippenstein-Seilbahn, mit der wir nur zwei Teilstrecken, also bis knapp unter den Gipfel des Hohen Krippensteins bergwärts fahren (www.krippenstein.com).

Für die erste Etappe, den Karstlehrpfad mit geringer Höhendifferenz (übers Heilbronner Kreuz geschotterte Straße, über die Abkürzung ein Steig) sind drei bis vier Stunden einzuplanen, d. h. man könnte diese auch als Nachmittags- und nicht als Ganztagestour einplanen. Für die erste Übernachtung bietet sich die 1805 Meter hoch gelegene Gjaidalm (www.bergzentrum.at) an.

Den Aufstieg zum Hallstätter Gletscher über den Trägerweg und eine Höhendifferenz von knapp 500 Meter sollte man unbedingt um sechs Uhr morgens beginnen, da man erst nach fünf bis sechs Stunden die Simony-Hütte für eine geschützte Mittagsrast erreicht. Von dort geht es gemütliche zwei Stunden talwärts bis zum 1872 Meter hoch gelegenen Wiesberghaus (www.wiesberghaus.com). Dort kann ein zweites Mal genächtigt werden.

Der über 1400 Höhenmeter talwärts gehende Abstieg übers Echerntal bis nach Hallstatt verlangt auch am dritten Tag der Tour Ausdauer und Liebe zur Landschaft; man benötigt dazu je nach Aufenthalt bei den einzelnen Sehenswürdigkeiten drei bis vier Stunden.

Einführung

Das Massiv des 2995 Meter hoch aufragenden Hohen Dachsteins nehmen alle drei oben genannten Bundesländer mehr oder weniger stark für sich in Anspruch. Zu markant sind seine steilen Süd- und Südwestwände, zum Enns- bzw. zum Salzachtal hin, zu wichtig war und ist der Berg mit seiner Vergletscherung, seiner Schichtneigung und seiner sich daraus ergebenden Karstwasserführung nach Norden zum Gosau- und zum Trauntal hin – man denke hier nur an die Energieversorgung.

Zudem ist der Besuch seiner Gipfelregion trotz teilweise möglichem Aufstieg mit der Seilbahn auch heute noch eine anspruchsvolle Alpintour, die den Besucher nicht nur geistig-intellektuell, sondern auch körperlich-konditionell fordert. Wo also sonst könnte man im eigentlichen wie im übertragenen Sinne besser von einer Grenzwanderung sprechen als hier?

Auch erdgeschichtlich hat das Dachsteinmassiv eine lange und bewegte Geschichte. Von der Entstehung seiner kalkigen Ursubstanz in Lagunen des Tethys-Ozeans unter tropischen Bedingungen der Triaszeit, über seinen Weg nach Norden in

◁ **Abb. 40.** *Im Gletschervorfeld des Hallstätter Gletschers am Dachstein im Juli 2012. Zu sehen sind im Hintergrund die abschmelzende mittlere Zunge des Gletschers samt der Mittelmoräne und im Vordergrund ein Rundhöcker auf dem mit S09 der Gletscherstand von 2009 markiert ist.*

48

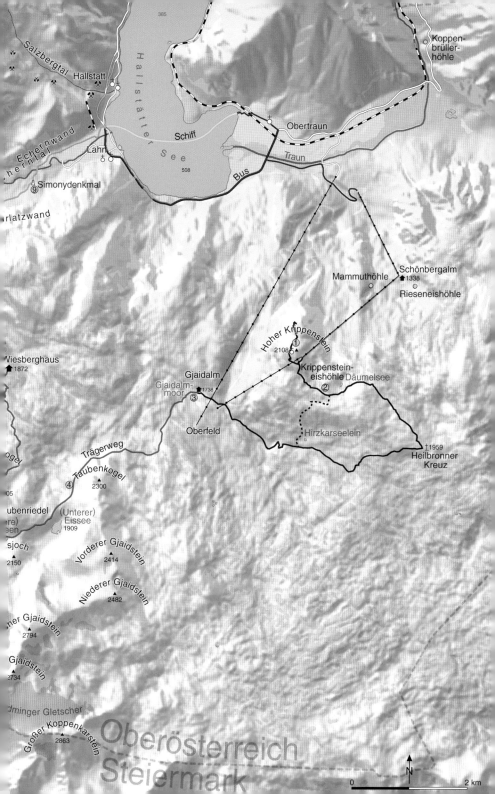

Abb. 41. *Blick von der Aussichtsplattform der »fife fingers« in Richtung Norden über das Innere Salzkammergut. Links oben der Plassen, dessen nach Osten über das Salzbergtal auslaufende Hänge eine Großmassenbewegung in Richtung Hallstatt darstellen, rechts im Hintergrund das Becken von Bad Goisern, in der Mitte des Bildes der Hallstätter See, dessen glazial geformte Wanne durch die Deltaschüttungen der Traun bei Obertraun (rechts unten) teilweise aufgefüllt wurde.*

der Jura- und Kreidezeit, weiter zu subtropischer Karstverwitterung der Tertiärzeit bis hin zu seiner wechselvollen jüngeren Geschichte, die maßgeblich von Kalt- und Warmzeiten geprägt war – zuletzt bis schließlich der Mensch mit seinen Aktivitäten der heute noch bestehenden Gletscherwelt mit rund fünf Quadratkilometern Fläche ein Ende zu bereiten droht. Stets spielten also auch das Klima und die sich daraus ergebende Verwitterung und Abtragung des Kalkgesteins eine wesentliche Rolle für die heutige Position und Gestalt des Dachsteinmassivs.

Der Hohe Dachstein ist und bleibt somit ein Paradebeispiel für diese komplexen Zusammenhänge. Die folgende Beschreibung einer Besichtigungstour, die man je nach Konditionszustand in zwei oder drei Tagen durchführen kann, gibt einen knappen, aber umso intensiveren Einblick in diese geheimnisvolle und faszinierende Bergwelt.

Routenbeschreibung und Haltepunkte

Die Welterbe-Aussicht von den »fife fingers« am Hohen Krippenstein (①)

Seit der oberösterreichischen Landesausstellung 2008 gibt es wohl kaum jemanden, der nach der Bewältigung der beiden Seilbahn-Teilstrecken auf den Hohen Krippenstein nicht direkt zu der dort installierten Aussichtsplattform, den so genannten »fife fingers«, wandert. Von dort genießt man einen atemberaubenden Blick nach Norden, in das Trauntal rund um den von steilen Wänden aus gebanktem Dachsteinkalk umrahmten Hallstätter See – hier befindet man sich im höchsten Stockwerk der Nördlichen Kalkalpen (Abb. 41). Erst gegen Norden, im Becken von Goisern, werden die Landschaftsformen weicher und bewaldeter, denn es tritt die unterlagernde Hallstätter Zone mit Mergeln und dem Salzgebirge landschaftsbildend in Erscheinung. Auch die darauf ruhenden Jura-Riffkalke bilden mit dem Plassen, westlich von Hallstatt, und der Zwerchwand, östlich von Bad Goisern, schroffe und zerrissene Felsschollen auf dem weich verformbaren Untergrund, eine Konstellation, die nicht selten zu mannigfaltig gravitativen Massenbewegungen führt. Besonders ausgeprägt ist dies über das Salzbergtal von Hallstatt bis in den Hallstätter See hinein.

Geomorphologisch handelt es sich bei dieser Gegend um einen eiszeitlich geformten Trogschluss. Während die im wechselnden Klima stets oszillierende Gletscherzunge des östlichen Traungletschers vor rund 20000 Jahren noch im knapp 60 Kilometer entfernten Gmunden lag, findet man weitere Haltestadien bei Bad Ischl (vor ca. 17000 Jahren), bei Bad Goisern (vor ca. 14000 Jahren) und am talwärtigen Fuß der »fife fingers«-Aussicht bzw. im Echerntal (vor ca. 12000 Jahren). Erst danach zog sich der Gletscher auf das Dachstein-Plateau zurück, wo er sich bis heute befindet.

Der Karstlehrpfad

Entlang des Weges 661 begibt man sich vom Hohen Krippenstein aus auf den Karstlehrpfad, der optional bis zum Heilbronner Kreuz (Weg Nr. 664) oder in gekürzter Form (Weg Nr. 662) begangen werden kann. Schon bald trifft man entlang des Weges auf die Klappen-Querschnitte der Kuhtrittmuscheln im gebankten Dachsteinkalk – ein Beweis dafür, dass die Ursubstanz des Massivs aus Mikro- und Makro-Organismen eines seichten tropischen Meeres, der Tethys, entstand (Abb. 42).

Faszinierend ist auch, wie eben das Hochplateau ist, und nur dem geübten Blick fällt auf, dass sich ein flaches Gefälle seiner Oberfläche nach Norden erkennen lässt. Seit dem Alttertiär hat diese Landschaft im Zuge der Gebirgsbildung viel erlebt: Nach der Bildung dieser so genannten Altflächen vor rund 35 Millionen Jahren lagerten Abflüsse, aus dem Bereich der heutigen Zentralalpen kom-

Abb. 42. Das häufige Vorkommen von Schalenquerschnitten der Kuhtrittmuschel (Megalodus triqueter) erleichtert dem Laien die Vorstellung von der Entstehung des gebankten Dachsteinkalkes in seichten Lagunen des ufernahen Tethys-Ozeans.

mend, bis vor rund 20 Millionen Jahren darüber bis 1000 Meter mächtige kristalline Schotter ab. Mit der Entstehung des südlichen Ennstals durch junge tektonische Bewegungen wurde der heutige Dachstein von dieser Sedimentzufuhr getrennt und die Schotter wurden wieder abgetragen; nur Reste davon sind als so genannte »Augensteine« übrig geblieben.

Erst in den vergangenen 10 Millionen Jahren kam es zur Hebung des heutigen Gebirgsstockes. Unter teils subtropischen Bedingungen konnten sich so in Phasen tektonischer Ruhe die großen Höhlensysteme des Dachsteinmassivs bilden, die somit stockwerkartig angeordnet sind. Mit der Krippensteineishöhle (②, Abb. 43) entlang des Karstlehrpfades erreicht man das am höchsten gelegene und damit älteste Quellniveau des Massivs.

Abb. 43. Blick aus der »schichtgebundenen«, d. h. hier entlang von Bankungsfugen im Dachsteinkalk entstandenen Krippensteineishöhle ins Freie.

Abb. 44. Blick über subkutane, d. h. ehemals unter Bodenbedeckung und Vegetation entstandene Rundkarren entlang des Karstlehrpfades beim Hohen Krippenstein. Im Hintergrund sieht man – von links nach rechts – den Koppenkarstein samt Schladminger Gletscher, den Hohen Gjaidstein sowie den Hohen Dachstein. Die Altfläche im Vordergrund des Hohen Gjaidsteins gehört mit einem Alter von 35 Millionen Jahren zu den ältesten Landoberflächen der Ostalpen. Dort oben kann man auch noch »Augensteine« finden.

Abb. 45. Der Weg entlang des Steigs 662, der die lange Route des Karstlehrpfades bis zum Heilbronner Kreuz entlang der Achse Däumelsee–Hirzkarseelein abkürzt, ist zwar wesentlich anstrengender zu begehen, dafür aber wird man reich mit Karstformen quer über die Schicht bzw. Bankungsstufen des Dachsteinkalkes belohnt.

Abb. 46. *Der Blick von der Simony-Hütte auf die Westflanke der Altfläche Gjaidstein(e)-Taubenkogel zeigt, dass das Dachsteinmassiv durch junge, vertikale Brüche schollenartig zerlegt und verkippt ist. Daraus ergeben sich mannigfaltige Möglichkeiten für Erosion bzw. für den Absturz mehr oder weniger großer Felsmassen entlang oder getrennt von Schicht-, aber auch Kluftflächen. Zu sehen ist auch eine gewisse Sortierung, indem große Blöcke eher am Fuß der Halden liegen, Feinschutt eher im oberen Bereich nahe der Felswand. Diese Felssturzmassen gilt es beim Anmarsch zum Unteren und zu den Oberen Eisseen im (sub-)rezenten Vorfeld des Hallstätter Gletschers zu überwinden.*

Neben dieser endogenen (d. h. nach innen erfolgten) Kalkverwitterung können aber auch nahezu alle Formen des hochkalkalpinen exogenen (= oberflächlichen, äußeren) Karstes angetroffen werden und hier nur exemplarisch wiedergegeben werden. So weisen etwa Rundkarren auf ehemalige Bodenbedeckung und Vegetation hin (Abb. 44). Besonders bei der kürzeren Variante des Karstlehrpfades hat man deshalb Probleme, den richtigen Weg zu finden bzw. trittsicher unterwegs zu sein (Abb. 45).

Der Karstlehrpfad und damit auch die erste (Halb-)Tagesetappe dieser Route enden bei der Gjaidalm, wo man übernachten kann.

Entlang des Trägerwegs zum (sub-)rezenten Hallstätter Gletscher

In der Mulde, an deren Rand die Gjaidalm liegt, befindet sich das seit mehr als 10 000 Jahren eisfreie Gjaidalm-Moor (③), dessen rund zwei Meter mächtige Torfablagerungen samt eingelagerter Pflanzenpollen Einblick in die nacheiszeitliche Vegetationsgeschichte geben und damit ein wichtiges Klimaarchiv darstellen. Von hier folgt man dem Weg Nr. 650 und gelangt so auf den so genannten Trägerweg (Nr. 657), eine alte Versorgungsroute zur

Abb. 47. Kaum zu glauben, dass das Eis des Hallstätter Gletschers im Jahre 1856 bis zu jener Stirnmoräne (samt Besucher zum Größenvergleich) reichte, die quer durch die Bildmitte dieser Abbildung verläuft – heute befindet sich dahinter der Untere Eissee. Der Karsttisch knapp außerhalb der Moräne im linken Bildvordergrund – ein vom ehemaligen Gletscher abgelagerter Block, der den Untergrund vor weiterer Kalklösung schützt – belegt, dass die Vereisung in den vorausgegangenen Jahrhunderten noch weiter talwärts gereicht haben muss.

Simony-Hütte. Dabei hat man immer den nördlichen Eckpfeiler der Gjaidstein-Altfläche im Blick, den Taubenkogel. Diesen umrundet man über späteiszeitliche Felssturzmassen und rezente Steinschlaghalden und gelangt so allmählich an seine Westseite (Abb. 46).

Der Stand des Hallstätter Gletschers im Jahre 1856

Von hier (④) aus erblickt man alsbald den rezenten Hallstätter Gletscher, während sich im unmittelbaren Vordergrund, hin zum Unteren Eissee, gähnende Leere auftut. Wie alte Aufnahmen bzw. Zeichnungen von Prof. FRIEDRICH SIMONY zeigen, war dieser gesamte Raum noch vor rund 150 Jahren mit Eis einer konvexen (weil vorstoßenden) Gletscherzunge bedeckt; der See entwickelte sich erst mit deren Abschmelzen, etwa ab dem Jahre 1885 (Abb. 47).

Die Oberen Eisseen und das rezente Gletschervorfeld

Auf Rundhöckern und später entlang der schütter bewachsenen End- bzw. Seitenmoräne dieses Gletscherstandes von 1856, der gleichzeitig die maximale Vergletscherung einer historischen Periode kalten Klimas vom 15. bis zum 19. Jahrhundert widerspiegelt, der so genannten »Kleinen Eiszeit«, geht es weiter bergwärts. Nördlich des Eisjochs überwindet man eine Schwelle und befindet sich kurz darauf in jener Mulde, in der bis in die 1960er Jahre der Obere Eissee existierte. Heute zeugen nur noch wenige Restseen von seiner ehemaligen Existenz (⑤); ansonsten befindet man sich auf einer Art Eiszerfallslandschaft mit unebenem Moränenschutt (Abb. 48).

Wer von hier aus nicht gleich zur Simony-Hütte aufsteigen möchte, sondern die Mühen eines weiteren Aufstiegs in freiem Gelände nicht scheut, der folgt nun einer recht unscheinbaren Punktmarkierung oder auch der Wintermarkierung in Richtung Schladminger Gletscher (lange Holzstangen) bis zum rezenten Zungenende des Hallstätter Gletschers. Beinahe erschreckend sind hier die Markierungen der Gletschervermessung abzuschreiten und ist es zu sehen, dass die Zunge in den vergangenen Jahrzehnten alljährlich um einige Dutzend Meter zurückschmolz. Auch die Eisdicke am Rand des Gletschers ist auf wenige Meter zurückgegangen, weshalb es auch kein Gletschertor mehr gibt; es scheint, als würde uns dieser Teil des Gletschers nur noch wenige Jahre erhalten bleiben und bald zu einer Toteislinse ohne Verbindung zum Nährgebiet verkommen (Abb. 49).

Abb. 48. *Die aus den Moränen der vergangenen 150 Jahre entstandenen »badlands« rund um die Oberen Eisseen im Vorfeld des Hallstätter Gletschers erinnern eher an Wüste und Salzsee als an das Hochgebirge im Salzkammergut.*

Über die Simony-Hütte zum Wiesberghaus

Wer nicht denselben Weg zurückgehen und sich ein paar Höhenmeter sparen möchte, der wendet sich nun nach Norden und hat nach kurzem Abstieg die Möglichkeit, über den Weg Nr. 655 zur Simony-Hütte zu gelangen. Der Blick auf den von verwaschener Moräne bedeckten und von Erosionsrinnen durchsetzten Felswannenrand ist bedrückend. Noch vor 150 Jahren war auch diese riesige Karmulde bis hinauf zum Taubenriedel mit Eis gefüllt, und noch 1920 bedeckte die Gletscherzunge den Fuß des Hanges. Knapp unterhalb der Simony-Hütte gibt es noch Felsblöcke des ehemaligen Gletscherrandes, an denen sich Prof. FRIEDRICH SIMONY im Jahre 1883 verewigte, und knapp unterhalb der genannten Schutzhütte passiert man auf dem Abstieg durch das Wildkar in Richtung Wiesberghaus (Weg Nr. 601) die ehemalige Unterkunft des berühmten Dachstein-Pioniers (⑥, Abb. 50).

Wer an diesem Tag früh gestartet ist und zudem eine ausdauernde Kondition mitbringt, der hat die Möglichkeit, noch weiter bis ins Tal nach Hallstatt abzusteigen; es wird hier allerdings empfohlen, im Wiesberghaus zu nächtigen.

Abb. 49. *Von den Oberen Eisseen bis zur aktuellen Vergletscherung waren es im Jahre 2012 rund 750 Meter Luftlinie. Auf diesem kaum markierten Weg lässt sich viel Interessantes entdecken: Rundhöcker, Gletscherschliffe, Kalkausfällungen, Toteislinsen und Schmelzwassertümpel, Messmarken und mehr.*

Abb. 50. *Die Wildkarhütte, auch »Hotel Simony« genannt, war einst die Unterkunft des ersten Erdkundeprofessors der k. u. k. Monarchie. Es ist kaum vorstellbar, dass es darin gemütlich war, denn in der Hütte entspringt aus einer Bankungsfuge eine kleine Quelle, die den Innenraum vernässt, zudem ist sie nach Norden bzw. Nordwesten, also zur Wetterseite hin exponiert.*

Vom Wiesberghaus zum Ursprung des Waldbaches

Mit dem weiteren Abstieg ins Tal entlang des Weges Nr. 601 verläuft der Weg nun entlang einer markanten, Nordwest-Südost verlaufenden Bruchlinie. Rasch verliert man hier an Höhe und gelangt über die Tiergartenhütte ins hintere Echerntal. Mit dem Erreichen des Weges Nr. 613 sollte man nicht versäumen, noch einmal kurz bergwärts zum Ursprung des Waldbaches aufzusteigen (⑦). Diese Riesenkarstquelle verdeutlicht die hydrogeologischen Gegebenheiten des Dachsteinmassivs, dessen Wässer aufgrund des flachen Schichtfallens nach Norden durchwegs auch am Nordfuß zu Tage treten. Im speziellen Fall handelt es sich um das Wasser des Hinteren Gosausees, das nur wenige Tage braucht, um hier wieder an die Oberfläche zu gelangen (Abb. 51).

Abb. 51. Der Ursprung des Waldbaches im hinteren Echerntal ist eine der größten Karstquellen am Nordfuß des Dachsteinmassivs.

Durchs eiszeitlich geformte Echerntal nach Hallstatt

Entlang der Forststraße erreicht man einen spektakulären Wasserfall samt Klamm – die sogenannte »Waldbachstrub« (⑧). Wenig später öffnet sich der Blick nach Osten auf den Hallstätter See – eine Aussicht, die verdeutlicht, dass nur ein Gletscher dieses weite und von steilen Felsflanken begrenzte Tal geschaffen haben kann (Abb. 52). Vorbei am Gletscherlehrpfad weiter talauswärts wird einem aber auch klar, dass dieser Umstand große Gefahren mit sich bringt. Immer wieder wurde hier in historischer Zeit von großen Felsstürzen berichtet. Mancher Sturzblock erhielt sogar einen eigenen Namen, und erst im April 2012 ereignete sich die letzte große Felslawine (Abb. 53), der beinahe das Denkmal zu Ehren des Dachsteinpioniers Prof. FRIEDRICH SIMONY (⑨, Abb. 54) zum Opfer fiel. Dieses wurde auf jener Endmoräne erreichtet, die der Dachstein-Gletscher vor rund 12 000 Jahren hinterlassen hatte.

Belohnt wird man nach dieser ausgiebigen Hochgebirgstour, während der man im Eilzugtempo die gesamte Lebensgeschichte des Dachsteinmassivs durchwandert hat, mit einem kulturgeschichtlichen Höhepunkt der Extraklasse, dem UNESCO-Welterbe Hallstatt. Von hier aus gelangt man mit dem Bus oder mit dem Linienschiff zum Ausgangspunkt zurück oder man bleibt noch einen Tag länger, um sich den einen oder anderen nachfolgenden Ausflugtipp näher anzusehen.

Abb. 52. *Das von der Echernwand (links; nördlich) und der Hirlatzwand (rechts; südlich) begrenzte Echerntal ist mit seinem U-förmigen Querschnitt ein Paradebeispiel für ein durch die eiszeitlichen Gletscher geformtes Trogtal; Blick auf Hallstatt-Lahn und Obertraun im Hintergrund.*

Ausflugstipps als Kombination zur beschriebenen Tour

Salzwelten Hallstatt, Salzbergstraße 1, A–4830 Hallstatt.
Tel.: +43 6132 2002400, E-Mail: info@salzwelten.at, www.salzwelten.at
Öffnungszeiten (Führungen): 23. April bis 11. September 9.30–16.30 Uhr; 12. September bis 2. Oktober 9.30–15.30 Uhr; 3. Oktober bis 26. November 9.30–15.00 Uhr.

Museum Hallstatt, Seestr. 56, A–4830 Hallstatt.
Tel.: +43 6134 8280–15, E-Mail: kontakt@museum-hallstatt.at
Öffnungszeiten: siehe www.museum-hallstatt.at

Dachstein-Rieseneishöhle (1455 m), Dachstein-Mammuthöhle (1368 m) und Koppenbrüllerhöhle (580 m), Dachstein Tourismus AG, Winkl 34, A–4831 Obertraun am Hallstätter See.
Tel.: +43 50 140,
E-Mail: info@dachstein-salzkammergut.com, www.dachstein-salzkammergut.com
Rieseneishöhle und Mammuthöhle
Erreichbarkeit: 1. Teilstrecke der Krippensteinseilbahn bis zur Mittelstation Schönbergalm, 15-minütiger Fußmarsch. Führungen von 1. Mai bis 15. Oktober täglich, Dauer jeweils 1¼ Stunden. In der Mammuthöhle wird Höhlentrekking in Begleitung eines amtlich geprüften Höhlenführers angeboten.

Abb. 53. *Steinschlag und Felsstürze aus den steilen Wänden rund um den Hallstätter See waren und sind stets gegenwärtig. Dieser aus der Hirlatzwand ereignete sich im April 2012 unweit des Simony-Denkmals.*

Abb. 54. *Auf der Endmoräne des Gletscherstandes im Echerntal vor rund 12 000 Jahren steht ein Denkmal zu Ehren des berühmten Dachsteinforschers Prof. Dr. FRIEDRICH SIMONY*

Koppenbrüllerhöhle (580 m),
Erreichbarkeit: 15 Minuten ab Bahnstation Koppenbrüllerhöhle bzw. Parkplatz »Koppenrast«.
Führungen täglich von 1. Mai bis 30. September, Dauer 1 Stunde.

Naturerlebnis Familienpark Schönbergalm, mehr unter: www.dachsteinwelterbe.at.

Karstlehrpfad Obertraun, Tourismusbüro, A-4831 Obertraun.
Tel.: +43 6113-351; E-Mail: tourismus@obertraun.or.at, www.tiscover.com/obertraun.
Gehzeit 3 Stunden.

Literatur

WEIDINGER J. T., H. LOBITZER & I. SPITZBART (Hrsg.). 2003. Beiträge zur Geologie des Salzkammerguts. – Gmundner Geo-Studien, Band II; Tagungsband Salzkammergut Geo-Tagung »Erde – Mensch – Kultur – Umwelt«, 28.-31.08.2003 Gmunden, Österreich; 460 S.; Gmunden. – Verfügbar unter www.landesmuseum.at/datenbanken/digilit/?serienr=20631.

Darin u. a. folgende Beiträge: Dachstein Altflächen (181-189), Karst- und Karrenformen (191-198), Dachstein-Höhlen (207-214), eiszeitliche Entwicklung des Trauntals (215-222), spät- und nacheiszeitlichen Vegetationsgeschichte (229-236), Dachsteingletscher im 20. Jahrhundert (237-246), Karstwasser des Dachsteins (265-268), Massenbewegungen u. a. im Hallstätter Raum 343-362).

Die Wildschützen
und die Grenzen

ROLAND GIRTLER

Mit den Wildschützen ist in den österreichischen und bayerischen Alpengegenden eine alte Geschichte verbunden. Diese Geschichte hat mit Grenzen in vielerlei Hinsicht zu tun. Zunächst war da die Grenze, die dem Bauern auferlegt war, denn er durfte bis zum Revolutionsjahr 1848, als auch der Bauer befreit wurde, nicht jagen. Zeitweise war ihm sogar verboten, den Wald überhaupt zu betreten.

Es gibt jedoch auch geografische Grenzen in den Alpen hinsichtlich der Höhenmeter, die schwer zu überwinden sind, nämlich im Felsengebirge, wenn man auf der Gamsjagd ist.

Und schließlich gibt es geografisch-politische Grenzen vor allem in den Alpen, wie zwischen Salzburg und Oberösterreich oder zwischen Osttirol und Italien, die es Wilderern und Jägern schwer machten.

Wanderung

Ein ausführliches Kapitel ist SEPP GAMSJÄGER gewidmet, der in GOSAU geboren wurde und dort auch den größten Teil seines Lebens verbracht hat. Daher möchte ich auch von dort eine Wanderung vorstellen. Die eigentlichen Wege und Steige der Wilderer sind ja sehr geheimnisvoll und gehen über Stock und Stein.

Ausgangspunkt ist die Talstation der Hornspitzbahn (835 m) in Rußbach, von wo aus man entweder wie der Wilderer zu Fuß (2 Stunden) oder mit der Hornbahn auf die Hornspitz (1433 m) gelangt. Von dort aus geht es auf dem Wanderweg nach Süden in Richtung Edtalm. Vor der Alm gabelt sich dieser, man biegt nach rechts zum Naturschutzgebiet Ameisensee ab. Nach einer kurzen Rast geht es weiter in Richtung Zwieselalm. Dort angelangt, kann man sich stärken, sollte aber vorher oder nachher einen Abstecher zur Zwieselalmhöhe machen, von wo aus sich ein herrlicher Blick auf Dachstein und Gosausee öffnet. Anschließend geht es zurück zur Bergstation an der Hornspitz.

Der Gletscherblick-Rundweg von und zurück zur Bergstation der Hornspitzbahn (47b) ist aufgrund seines geringen Höhenunterschiedes (tiefster Punkt 1282 m, höchster Punkt 1436 m bzw. Zwieselalmhöhe 1587 m) für Bergwanderer jeden Alters und für Familien ideal. Für die 7,7 Kilometer lange Runde braucht man rund 5 Stunden, wenn man die Naturschönheiten sowie den »Hüttenzauber« genießt. Denn gerade dann ist man der »alten Zeit der Wilderer« ganz nah.

Der Wilderer als klassische Heldenfigur im Gebirge

Der klassische Wilderer, den es bis in die sechziger Jahre des 20. Jahrhunderts und in Relikten bis heute in Gebirgsgegenden Österreichs und Bayerns gab bzw. gibt, hat eine alte Geschichte. Der Wilderer oder Wildschütz war so etwas wie ein Rebell, der sich gegen die adeligen Herrschaften auflehnte, denn diese hatte. den Bauern das Recht zur Jagd genommen.

Der Wilderer, der dem noblen Jagdherrn die Gams oder den Hirsch wegschoss, berief sich stolz auf altes Recht, nach dem auch der Bauer das Recht zur Jagd gehabt hatte. Sie taten dies aus gutem Grund, denn nach altem germanischem Recht hatte jeder freie Bauer das Recht zur Jagd. Aber als die Bauern ab 1000 n. Chr. immer mehr in Abhängigkeit von Landesherren

Abb. 55. »Bei der Jagd«. – © Inge Sieberer.

und Königen gerieten, wurde ihnen verboten zu jagen und sogar den Wald zu betreten. Die Jagd wurde zu einer Sache des Aristokraten.

Die Bauernburschen, die zum Ärger der noblen Herren auf verbotene Weise das Wild schossen, waren bei der Bevölkerung angesehen, vor allem bei den Bauern im Gebirge, die unter dem Wildschaden besonders zu leiden hatten und deren Armut und deren Hunger nach einem Stück Wild groß war. Der Wilderer zeigt sich somit als »sozialer Rebell«, wie er typisch in all den bäuerlichen Kulturen ist, in denen Landes- bzw. Grundherren auf dem Rücken einer armen oder verarmten Bevölkerung ein Leben in Verschwendung und Übermut führen konnten.

Besonders in der Gestalt des Wilderers erwuchs im Gebirge eine Heldenfigur, die bis zum heutigen Tage mystifiziert und romantisiert wird. Er wird als jemand gesehen, der sich das Recht holt, welches die »hohen Herren« dem »kleinen Mann« genommen hatten. Die Aristokratie sah schon sehr früh in den Wilderern ihre Feinde, die ihnen ihr Jagdvergnügen nehmen wollten. Zur Jagd als einem Symbol vornehmer Lebensart wollte man den Bauern nicht zulassen und bestrafte ihn daher grausam, wenn er als Wilderer erwischt wurde.

So befahl 1665 in Salzburg Kardinal und Erzbischof Guidobald Graf von Thun, Wilddiebe, wie sie z. B. im Gebiet an der oberösterreichischen Grenze schon früh auftauchten, gefangen zu nehmen und sie dann nach Venedig zu schicken, um sie dort in den Galeeren anzuketten.

Trotz strenger Strafen gelang es den aristokratischen Jagdherrn nicht, die Bauern und andere kleine Leute, vor allem im Gebirge, vom Wildern abzubringen.

Die Bauern lehnten sich ohne Erfolg auf. Erst nach der Revolution von 1848 kam es zur »Bauernbefreiung«, wobei auch das aristokratische Jagdprivileg abgeschafft wurde. Die Abgabenpflicht der Bauern blieb jedoch bestehen, die Bauern verschuldeten sich, konnten aber die Schulden nicht bezahlen. Es kam zur Versteigerung von Bauerngütern – reiche Adelige und Industrielle erwarben auf diese Weise große Gebiete. Die arme Gebirgsbevölkerung, bestehend aus Kleinbauern, Holzfällern und anderen kleinen Leuten, sah sich nun weiter berechtigt, dem feinen Jagdherren vor allem die Gams »vor der Nase« wegzuschießen.

Abb. 56. *Erzbischof* Max Gandolf Graf von Kuenburg *und ein Nepote (ein begünstigter Verwandter) in Jagdkleidung. – Bild aus der Erzabtei St. Peter.*

Als soziale Rebellen waren die Wilderer für die Menschen im Gebirge keine Verbrecher, sondern kühne Burschen, die sich das Recht zur Jagd erkämpften.

Abb. 57. *»Die Gams im Hochgebirge«. – ©* Inge Sieberer.

Die Gams im Hochgebirge

Eine besondere Anziehung für die Wildschützen hat die Gams, da sie sich fernab der Siedlungen in felsigen und schwer zugänglichen Regionen aufhält. Der Gamsjäger muss ein guter Bergsteiger sein, um überhaupt in die Nähe der Gams zu gelangen, und er benötigt Kraft, um das erlegte Tier ins Tal zu tragen. Der Gamsjäger hatte daher stets ein höheres Ansehen als der Jäger, der bloß nach Hasen, Rehen und Hirschen pirschte. Wohl deshalb war auch für Kaiser MAXIMILIAN, den die Bauern ebenso hassten, die Gams von besonderem Interesse. Ein in Ehren ergrauter Wilderer meinte zu mir, ihn habe nur die Gams interessiert, denn um einen Gamsbock zu erlegen, brauche man Kraft und Schneid.

Der Gamswilderer hatte den Ruf des verwegenen Burschen, der mit sich einigem Stolz über die Verbote des Jagdherrn hinwegsetzt und hoch hinaufsteigt. Bis lange nach dem Zweiten Weltkrieg galt das Wildern als Beweis für Mut und Liebe zum Abenteuer. Konnte ein Bursche darauf verweisen, ein guter Wildschütz zu sein, so konnte er mit der Hochachtung der anderen jungen Burschen rechnen.

Der Wildschütz als Grenzgänger und die Mädchen

Da der Wildschütz mit Grenzen zu tun hat, brauchte er Mut. Er galt daher etwas bei den Mädchen. Darauf verweist farbig ein Spruch aus dem Salzkammergut: »Ein Bua, der nicht gewildert hat, darf auch nicht fensterln gehen.«

Diese Charakteristik des Wilderers als die eines kühnen Mannes, der den Gamsen nachstellt und bei den Mädchen beliebt ist, wird auch in den folgenden, aus dem Jahre 1915 stammenden Sätzen deutlich: »Im Ennstal ist den Bauernburschen eine Art ritterlicher Sinn eigen, der sich im Wildschützenleben ausprägt; derjenige Bursch, der der kühnste Wilderer ist, gilt in der Bevölkerung als eine Art Heros. Der Bursch, der mit einer bockledernen Hose zur Kirche geht, gilt in den Augen der Bauernmädchen nichts; eine gamslederne Hose muss er haben. Denn einen Burschen, der sich vor den Jägern fürchtet und sich nicht traut, ein Gamserl zu schießen, den mag ein Dirndl nicht. Ein solcher Bursch bekommt höchstens ein Mädchen, das die Wilddiebe nicht mögen«.

Abb. 58. *Wildschütz im Felsengebirge.*

Der Wildschütz, der der Gams nachstellte, musste ein guter Bergsteiger sein. Es ist bemerkenswert, dass es im Gesäuse (in den Ennstaler Alpen) einen »Peternpfad« gibt, benannt nach einem Gamswilderer, der unter dem Namen »Schwarzer Peter« bekannt war. Um 1850 soll er das erste Mal auf diesem Pfad durch die Gesäusewände gestiegen sein. Die Jäger versuchten zwar regelmäßig, den Schwarzen Peter einzukreisen, doch es gelang ihm jedes

Mal, auf diesem Steig zu entkommen. Die Jäger standen vor einem Rätsel. Erst auf seinem Totenbett schilderte der Wilderer dem Forstmeister RODLAUER aus Admont den Verlauf dieses Pfades. Heute ist der Peternpfad ein beliebter Klettersteig.

Die Ehre des Wilderers

Die Wildschütze hatten auch einen Ehrenkodex, nach diesem war es u. a. verpönt, Schlingen zu legen, durch die das Wild elendiglich umkommt, oder einem Kitz die Muttergams wegzuschießen. Den unwaidmännischen Wildschütz bezeichnete man auch als »Raubschützen« – besonders wenn er sich auf einen Kampf mit dem Jäger einließ.

In Liedern werden die ehrbaren Wildschützen besungen. Die Gams steht dabei im Mittelpunkt, wie in diesem gern gesungenen Wildschützenlied aus dem Salzkammergut:

»An einem Sonntagmorgen
recht zeitig in der Fruah,
nimmt der Wildschütz sein Stutzerl,
und geht dem Gamsgebirg zua.
Er woass ja die Weg so schön,
wo die schen' Gamserl stehn,
drin im Gebirg.

Und a Gamsal hat er g'schossen,
hoch droben auf der Hoad,
jetzt will er's auswoaden,
ziagt's Messer aus der Schoad.
Der Jaga hat eahm lang zuag'schaut,
Hat si net zuwi traut, bis da er schlaft.

Und der Wildschütz hat g'schlafen,
dann hat er si traut,
er nimmt dem Wildschütz sei Stutzerl,
hat sakrisch zuag'haut.

Der Wildschütz springt auf vom Schlaf,
stürzt über'n Fels in a G'sträuch.

Und den Jaga druckt's G'wissen
und dem Wildschütz sein Bluat,
und jetzt mecht er gern wissen,
was der Wildschütz drunt tuat:
Aber Jaga, liabsta Jaga mein,
bind ma meine Wund'n ein
und still mir's Bluat.

Und der Jaga bind eahm d'Wund'n ein
und stillt eahms Bluat:
Aber jetzt muast mit mir gehn,
ins Salzkammerguat!

Bevor i mit an Jaga geh',
lass i mei Leib und Seel
fürs Salzkammerguat!«

Der Wilderer als Koch in der Gefängnisküche und die Freude am Fleisch

Ein freundlicher Herr, der sich als früherer Küchenchef eines oberösterreichischen Gefängnisses vorstellte, erzählte mir einmal, dass unter allen Gefangenen, die ihm in der Gefängnisküche bei der Essenszubereitung halfen, die eingesperrten Holzknechte und Wilderer die Kunst des Kochens weitaus am Besten verstanden. Mir ist dies klar, denn Holzknechte und Wilderer haben gelernt, aus wenigen Bestandteilen, wie etwa aus Mehl, Eiern, Wasser und Erdäpfeln, Genießbares herzustellen, aber sie konnten auch aus dem gewilderten Stück Fleisch in Kürze am offenen Feuer einen saftigen Braten bereiten.

Fleisch gab es sonst nicht viel in den Bauernhütten und Arbeiterquartieren. Man aß bescheiden einfache Speisen wie zum Beispiel Brotsuppe, Erdäpfelnudeln und Hasenöhrln. Und daher waren die armen Leute, nicht nur im Gebirge, froh, wenn hier und da ein gewildertes Stück Fleisch auf dem Küchentisch lag.

Gerade nach den letzten Kriegen, als das Gespenst des Hungers durch die Lande zog, waren es auch Arbeiter, die wilderten, um etwas Kräftigendes auf den Teller zu bekommen.

Wildschützen gehörten also in Zeiten der Not zur Kultur der Armut im Gebirge, sie waren es, die die Grenzen des Dorfes überschritten haben, um hoch in die Berge zu steigen, um zu gutem Fleisch für sich und die ihren zu gelangen.

Die Ermordung eines Wildschützen im bayerischen Gebirge

Ein Holzknecht, der als Wildschütz in Bayern und Tirol durch seinen Tod berühmt und zur Legende wurde, war GEORG oder GIRGL JENNERWEIN. Er wurde 1848 in Haid bei Holzkirchen als lediges Kind der MARIA JENNERWEIN geboren. Zusammen mit seinem Freund, dem Unterschwaigbauern MARKUS HOFBERGER aus Westenhofen, der zugleich auch sein Hausherr war, musste er am Frankreichfeldzug von 1870/71 teilnehmen. Der »Jennerwein Girgl«, wie er allgemein genannt wurde, war Holzarbeiter in der Gegend rund um den Schliersee. Er

Abb. 59. »*Mit der Gams allein*«. – © Inge Sieberer.

war ein guter Zitherspieler, Gstanzlsänger, Schuhplattler, vor allem aber war er ein guter Schütze. Einige seiner Zeitgenossen bezeichneten ihn aber auch als Weiberhelden, Raufbold und Wirtshausbruder, der öfter auf dem Tanzboden anzutreffen war als bei einer geregelten Arbeit. Jeder wusste, dass JENNERWEIN ein Wildschütz war, aber beweisen konnte es ihm keiner. Die Mädchen sahen in ihm einen schneidigen und mutigen Burschen der sich von niemandem unterdrücken ließ. Der GIRGL hatte graue Augen und einen verwegen schief sitzenden Schneidezahn.

Seine bevorzugten Freundinnen waren die Kellnerin ROSL und die Sennerin AGATHE von der Baumgarten-Alm, die auch die Mutter seiner Tochter ROSL wurde. Am 6. November 1877, JENNERWEIN war 29 Jahre alt, wurde er laut Gerichtsakten von seinem früheren Freund JOHANN JOSEF PFÖDERL auf einer Waldlichtung am Peißenberg (Höhenzug nördlich des Bodenschneids, 4 km südsüdwestlich vom Schliersee) erschossen. Seine Leiche fand man erst am 14. November. Die rechte große Zehe steckte im Abzug seines Gewehres und der Unterkiefer war zerschmettert. Offensichtlich sollte ein Selbstmord vorgetäuscht werden. Ein

Abb. 60. Jedes Jahr soll am Geburtstag des Wildschützen JENNERWEIN eine gewilderte Gams auf seinem Grab liegen.

Teil der Wange mit dem rechten Schnurrbart hing in den Ästen einer Fichte. Eine weitere Schussverletzung, die aber nicht tödlich war, befand sich im Rücken. Obwohl PFÖDERL immer wieder seine Unschuld beteuerte und Verdachtsmomente auf den Jäger SIMON LECHENAUER hinwiesen, wurde er zu acht Monaten Gefängnis verurteilt, wobei ihm vier Monate Untersuchungshaft angerechnet wurden. JOHANN JOSEF PFÖDERL wurde gemieden, begann zu trinken und starb 1889 in Tegernsee. Durch die mysteriöse Todesursache wurde der »Wildschütz Jennerwein« zu einer Legende. So mysteriös wie sein Tod ist auch die letzte Ruhestätte des Wildschützen. Das Lied vom Wildschützen JENNERWEIN, das heute noch gerne gesungen wird, ist in der Art einer klassischen Moritat verfasst. Wird ein Wildschütz hinterrücks erschossen, so wird er – wie zum Beispiel der Wildschütz JENNERWEIN – unsterblich.

Wilderer und Schmuggler –
Der Tod des PIUS WALDER an der Grenze von Osttirol zu Italien

Direkt an der Grenze zwischen Osttirol und Italien liegt der kleine Weiler Kalkstein bei Innervilgraten. Hier lebte die Bauernfamilie WALDER. Aus dieser kamen prächtige Söhne, die als Schmuggler und Wilderer einen guten Ruf genossen haben. HERMANN WALDER, der einige Berühmtheit erlangt hat, erzählte mir zunächst über das Schmuggeln: »Das Schmuggeln war eine gute Nebeneinnahmsquelle bis ungefähr 1968, dann hört sich der Schmuggel allmählich auf, weil die Preise sich zwischen Italien und Österreich angeglichen haben«.

Die WALDER-Buben, wie andere Burschen auch, dürften als Schmuggler gut verdient haben. Auch Vieh wurde nach Italien geschmuggelt, vor allem nach dem Viehmarkt im Herbst, wenn genug Vieh, das nicht verkauft worden war, da war. Daher schmuggelte man es über das Gebirge nach Italien, wo man gegen gutes Geld dankbare Abnehmer fand.

Unweit der italienischen Grenze wurde im September 1982 PIUS WALDER, der jüngste Bruder von HERMANN, hinterrücks erschossen. Der Jäger JOHANN SCHETT nahm gemeinsam mit dem Aufsichtsjäger JOSEF

Abb. 61. Das Grab von PIUS WALDER in Kalkstein, Osttirol.

SCHALLER den PIUS WALDER, der das Gesicht geschwärzt hatte und daher als Wilderer erkannt wurde, aufs Korn. Trotz der Aufforderung, stehen zu bleiben, versuchte PIUS zu fliehen. SCHETT feuerte vier Schüsse auf den Flüchtenden. Nach dem letzten Schuss fiel der Wilderer, am Hinterkopf getroffen, zu Boden und starb.

Die Sennerin als Freundin des Wildschützen

Als es noch echte Almen gab – heute ist vorwiegend das Jungvieh auf der Alm – wurden vor allem die Milchkühe hinaufgebracht, um die Bauersleute und das Gesinde während der arbeitsreichen Sommermonate zu entlasten. Die Aufgabe der Sennerin war es, sich um das Vieh zu kümmern. Sie musste früh aufstehen, das Vieh melken, Butter rühren, das haltbare Butterschmalz und Käse herstellen. Schließlich hatte sie darauf zu achten, dass das Vieh sich nicht verlief. Auf manchen Almen, wo keine Quelle in der Nähe war, musste das Wasser mit Kübeln herbeigeholt werden. Die Sennerin hatte es, so alleine auf der Alm, jedenfalls nicht leicht.

Bevor man die Butter in eigenen Fassln rührte, wurde diese in länglichen Holzbehältern durch Stoßen mit einem etwas dickeren Stock hergestellt. Auf der Alm wurde also gebuttert – ein Wort von harmloser Erotik. Die Alm- oder Schwoaggeher, wie man die jungen Bauernburschen auch nannte, boten der Sennerin Abwechslung. Sie versprachen sich bei der jungen Sennerin ein Liebesabenteuer und suchten sie nur zu gerne auf. Hier und da trafen sich die Sennerinnen mit den Burschen bei Almfesten in einer der Hütten, bei denen es mitunter hoch herging.

Abb. 62. *Wildschütz mit der Sennerin beim Buttern.*

Da man die Sennerin mit einem freien Leben verband, hielt man sie für eine besonders erotische Person, die Liebesabenteuern mit kühnen Burschen nicht abgeneigt war. Zu diesen Alm- oder Schwoaggehern gehörte vor allem der Wildschütz.

Darauf, dass manche Sennerin derartige Liebeleien genoss, verweist auch eine Erzählung des Wanderers SCHULTES aus dem Jahre 1802. Darin ist es ein Holzknecht und wohl auch Wildschütz, der mit Freuden von einer Sennerin empfangen wird. Der Wanderer schildert in seinem Buch »Ausflüge nach dem Schneeberge« das Liebesleben auf der Alm in sehr freundlichen, keineswegs obszönen Worten. Er beendet seine Schilderung mit einem Ausdruck des englischen Hosenbandordens: »Schlecht ist, der schlecht denkt« (honi soit qui mal y pense). SCHULTES berichtet heiter und liebenswürdig über seine Übernachtung auf einer Almhütte, auf der es hoch herging. Man feierte ein Almfest. »Es wurde in der Alpenhütte fortgeschwätzt, bis männigliche und weibigliche die Zunge nicht mehr heben konnten und alles schlafen gieng in die benachbarten Hütten. Die Sennerin unserer Hütte (wir lagen in einem Verschlag derselben) blieb allein bey uns und wachte beym Feuer. Kaum waren wir eingeschlafen, als ungefähr in der zweiten Stunde nach Mitternacht ein rüstige

Abb. 63. »Das Leben auf der Alm«.

Bursche, ein Holzknecht, mit Steigeisen an den Beinen und einem mächtigen Griespeile hereintrat und durch die Gewalt seiner Tritte uns weckte. Wir stutzten anfangs über diesen Besuch, als wir aber gar sahen, dass er nicht uns, sondern unserer Hausjungfer galt, waren wir beruhigt, und wir wären wieder eingeschlafen, wenn nicht Scenen, die kein Dichter üppiger und derber mahlen kann und die wir unglücklicher Weise durch die offen stehenden Fugen unseres Verschlages sehen mussten, uns hätten ein Auge schließen lassen. Wenn ein Dichter mir solche Scenen erzählt, so ekeln sie mich an; wenn ein Wüstling mir davon spricht, so empört er mich: und hier konnte ich sie sehen und der Kraft mich wundern, die noch in des Mannes Lenden ist. Diaboli virtus in lumbis est (des Teufels Macht ist in den Lenden), sagte St. Hieronymus; der war noch nicht einmal auf einer Alpenhütte. Bedenkt man noch, dass dieser Heraklide fünf Stunden weit des Nachts von einer anderen Alpe herstieg, nachdem er den ganzen Tag vorher Bäume gefällt hat! Und die Nixe war auch nicht müßig geblieben den Tag über: sie hatte 16 Kühe zu melken und zu warten. Wenn die Menschenrace einst ganz ausgeartet seyn wird und ausgemergelt in den Städten, so mögen wir uns damit trösten, dass sie sich auf den Alpen verjüngt. Ich habe ähnliche Orgyen oft gesehen auf den Alpen von Schneeberge bey Wien bis zum Untersberge: sie scheinen allgemeine Sitte zu seyn unter diesen Nomadinnen, und ich glaube, noch darf man von ihnen sagen: honni soit qui mal y pense.«

Schönes über das Leben der Holzknechte, die freilich auch Wildschützen waren, und der Sennerinnen wusste auch der Wandersmann CARL JULIUS WEBER aus der Zeit um 1840 zu erzählen. Er machte sich dabei auch seine Gedanken über das »Fuegen« (das geschlechtliche Verkehren) sowie das »Fensterln«: »In diesen Alpen wohnen ächte Heracliden, die man herabholen sollte in die Ebenen und Städte, um frisches Blut und Kraft zu gießen in die

Abb. 64. *SEPP GAMSJÄGER links auf der Bank.*

Schwächlinge, wie einst die Germanen in die verweichlichten Römer … In allen Alpen geht das Fuegen (vielleicht vom italienischen ficare?) oder Fensterln (die Probenächte) seinen Gang, und glücklicher Weise leidet die Moralität darunter nicht im geringsten – Bue und Diendel, welche die Ehrengeistlichkeit nicht bemühen wollen, bleiben sich treu, und im Bund zwischen solchen Kindern der Natur braucht es auch keiner Formalitäten … Wenn die Diendl in Dienst tritt, macht sie es nicht selten zur Bedingung, dass ihr Hanserl kommen dürfe, so oft er wolle, und der Dienstherr ernährt die Kinder, die er bald gebrauchen kann. Heirathen können die Leutchen nicht … und so muß man sie lassen. Das Votum des geradsinnigen Alten hat über alle obrigkeitlichen Verbote gesiegt: der Großvater und Vater haben gefueget, ich habe gefueget, mein Sohn und seine Nachkommen mögen auch fuegen. Recht so, Alter!«

Der wackere Wandersmann WEBER war offensichtlich angetan von der Freiheit, mit der man auf den Almen mit sexueller Lust und Begierde (Cupido) umging und sich entgegenludelte also jodelte: »… Auf den Alpen leben Hirten und Hirtinnen in freier Bergluft, bei nahrhafter Milch und Käse – kein Wunder! wenn Cupido sein loses Spiel treibt, zumal in der Einsamkeit der Geist der Unabhängigkeit genährt, und das Gemüth zwar gestählt wird, aber auch derbe und rauher macht. Man strafte ehemals hart die Fleischessünden, und was war die Folge? Diese sonst unverdorbenen, aber auf niederer Kulturstufe stehenden Menschen geriethen à l'Italiano – hinter die Ziegen! Ist es da nicht besser hinter die Schwoagerin oder Sennerin zu geraten, die sich müde ludelt, bis der Bue entgegen ludelt? …«

Stiller Witz klingt aus diesem Lied, das WEBER dazu bringt:

> *»Und Abends, wenn sachte die glatten Küh,*
> *zum Stalle sich wenden und läuten,*
> *dann kommen nach Tageslast und Müh,*
> *die lustigen Buben von weitem;*
> *sie kommen, grüßen und bleiben steh'n,*
> *und fragen: darf ich ins Hüttlein geh'n?«*

Als Holzknecht und Wilderer an der Grenze zu Salzburg

Holzfäller und Wildschütz

SEPP GAMSJÄGER, dessen Leben von seinem Sohn PAUL in einem interessanten Buch erzählt wird, war als junger Bursch bereits ein tüchtiger Holzfäller, der durch die Nähe zum Wald und zum Wild geradezu zum Wildern verleitet wurde. Er erinnert sich: »Für junge und schneidige Burschen war der »Zug« [das Holzführen mit einem Schlitten vom Berg] ein

Abb. 65. »Wildern bei der Ebenalm«.

zwar harte, aber lustige Arbeit. Jeder hatte einen Schlitten mit den Blochen zu ziehen, bis ins Tal. Je nach Zugweglänge gingen die Holzknechte 2 bis 3 mal hinauf [am Tag]. Als ich älter wurde, durfte ich auch ziehen, im Zug arbeiten. Und da meinte ich einmal, ich müsste der Schnellste sein. Dabei fuhr ich einem Alten auf, der langsamer abwärts fuhr als ich. Ich weiß nur, dass ich rund zwei Stunden bewusstlos war. Das Schlüsselbein, der linke Fuß und zwei Rippen waren gebrochen. Ich lag sechs Wochen in Bad Ischl im Spital. Dann kam die Zeit des Krankenstandes. Mit dem Gips am Haxen wilderte ich meinen ersten Hirsch, es war im Eibengraben, in der Gosauschlucht. Ruhe kannte ich keine, ich musste immer etwas tun. Ich war immer zaundürr, aber gesund. Um 1 Uhr in der Nacht lieferten mein Freund und ich den Hirsch den Graben entlang zur Ortsstraße. Dann musste ich wieder in das Spital den Gips wechseln. Ich wurde mit einem Ross-Schlitten nach Bad Ischl geliefert [26 km, im Winter], es gab schon eine Buslinie, aber nur für den Sommer. Dort fragte mich die Schwester, was ich denn gemacht hätte, dass ich einen so dreckigen und zerhauten Gips habe. So etwas sei ihr noch nie untergekommen. Laub, Fichtennadeln, Erde und zerquetschte Ameisen zwischen Gips und Haut. Auch kleine Steinderl kamen zum Vorschein, die mich so gezwickt haben«. SEPP GAMSJÄGER erzählt hier vom Mut, der sowohl zur Arbeit des Holzfällers notwendig ist, aber auch den jungen Wildschützen ausmacht – ungeachtet eines eingegipsten Beines. Spannend schildert er auch die Zeit der Arbeitslosigkeit in Österreich vor dem letzten Krieg.

Arbeitslosigkeit und Armut vor dem letzten Krieg

Es sind die Arbeitslosigkeit und die Armut der kleinen Leute im Gebirge, die auch verantwortlich dafür sind, dass vor allem mutige junge und auch schon ältere Männer in verbotener Weise dem Wild nachstellten. SEPP GAMSJÄGER wird zum begeisterten Wilderer, der meint, dass damals vor dem letzten Krieg auch viel gerauft wurde. Wildern und Raufen werden geradezu zu Mannbarkeitsritualen, die typisch für die Kultur der Armut im Gebirge zu sein scheinen: »In den 1930er Jahren wurde es ganz schlecht für uns. Die Arbeitslosigkeit nahm so zu, dass sogar verheiratete und kräftige Männer im besten Alter keine Arbeit mehr fanden. Es wurde in dieser Zeit viel gewildert und viel gerauft. Auch ich wurde arbeitslos und konnte nur noch wochenweise als Zimmerer-Lehrling arbeiten. Ich hatte aber viel Freizeit und ging bei jeder Gelegenheit wildern und fischen«. Seine erste Gefängnisstrafe hält SEPP nicht davon ab, weiter zu wildern: »Im Jahre 1932, ich war gerade 20 Jahre alt, wurde ich zum ersten Mal eingesperrt. Im Gefängnis in Bad Ischl. Wegen einer gewilderten Rehgeiß. Ich war drei Wochen eingesperrt – Untersuchungshaft. Und ich bekam dann noch 4 Monate bedingt aufgebrummt, auf ein Jahr. Die musste ich aber nicht absitzen. Ich ging so gerne wildern, dass ich dieses Jahr nicht einhalten konnte. Schon am nächsten Stefanitag wilderte ich einen 11-jährigen Gamsbock und wurde wieder dabei erwischt. Ich erhielt zu den vier bedingten Monaten noch drei Monate Strafe dazu und hätte nun sieben Monate nach Wels in den Arrest müssen«. SEPP, der damals wie andere arbeitslose Burschen auch, Mitglied der in Österreich verbotenen Nazi-Partei wurde, auch deswegen befürchtete, gerichtlich verurteilt zu werden, sah sein Heil in der Flucht nach Deutschland. Er nahm deshalb einen langen Fußmarsch auf sich – er hatte aber Heimweh: » Also flüchtete ich nach Deutschland. Dort wurden alle flüchtigen Nazi aufgenommen und gut behandelt. Ich marschierte ganz allein von Gosau bis Bad Eibling [Bad Aibling] bei Rosenheim in Bayern. Das war ein 6-Tagemarsch. Nur mein Bruder Hans wusste davon. Dort hielt ich es aber nur Monate aus, das starke Heimweh trieb mich nach Hause. Der Fußmarsch von München bis Gosau dauerte sieben Tage. Zuhause holte mich die Gendarmerie ab und ich musste für drei Wochen ins Gefängnis nach Wels wegen Hochverrats und sieben Monate ins Gefängnis in Vöcklabruck wegen Wilderns.«

Das Gewehr in der Zimmermannskraxe

Ich konnte mit dem Wildern aber nicht aufhören. Es trieb mich immer wieder mit der Büchse in den Wald. Da kam mir ein Gedanke. Um seine Büchse versteckt transportieren zu können, kommt SEPP auf eine interessante Idee: »Ich baute mir in meiner Zimmermannskraxe [Holzgestell für Werkzeug, am Rücken getragen] eine Lade ein, in der ich gut meine zerlegbare Büchse verstecken konnte. Wenn ich wieder einmal ein paar Tage als Zimmerer hatte, war die Büchse immer bei mir – ich konnte am Heimweg schon schießen, wenn sich eine Gelegenheit bot. Einmal habe ich in der Schmiedbauernlacke eine Wildente geschossen, aber ich wurde verraten und wieder einen Monat eingesperrt.«

Nun fügt SEPP GAMSJÄGER etwas ein, das seine Ehrbarkeit als Wilderer ausdrücken soll, aber auch die Leidenschaft des Wilderns hervorhebt: »Nun müsst ihr euch bald schämen mit mir, liebe Nachkommen. Schämt euch nicht! Erstens war dies meine Sache, zweitens werdet ihr das nie verstehen! Ich bin stolz auf meine Leistungen, von welchen ihr nur einen kleinen Bruchteil wisst. Das Wildern hat nicht viel mit Schneid zu tun, es ist eine verfluchte Leidenschaft, die selten einer ganz anbringt«.

Abb. 66. *»Vor der Almhütte«.*

Die Bedeutung der Sennerin und der Zorn des Vaters

In dem Kapitel über »Arbeitslosigkeit in den 1930-iger Jahren« schildert SEPP GAMSJÄGER die Bedeutung der Sennerin für den Wilderer: »Wenn einer ein Wilderer ist, so ist es ein besonderer Vorteil, wenn er eine Sennerin liebt. Er kann dort auf der Alm jederzeit einen Unterschlupf finden. Obwohl sich die Sennerinnen meistens auch ein bisschen gefürchtet haben, mit dem Revierjäger in Konflikt zu geraten. Eine Sennerin war ziemlich ängstlich, und deshalb hat sie mir meinen Stutzen oft an einem anderen Platz versteckt. Ich musste mein Gewehr dann jedes Mal ziemlich lange suchen, in den Kammerln oder ganz woanders. Einmal, es war Winter, Mitte Jänner, gingen wir mit Skiern zu dritt vom Tal aus in Richtung Sattelalm, Grubalm und Schwarzkogel. Dort trafen wir auf den ersten Gams. Bis Mittag brauchten wir 9 Schuss, dann hatten wir 2 Gams erlegt. Um zu den Gamsen [Aussprache; Gambs/Gambsen] zu kommen, mussten wir erst die Ski ausziehen, wir hängten sie um unseren Hals und kletterten zum erlegten Wild. Wir waren noch nicht weit, da sahen wir weiter unten ein Gamsrudel. Wir ließen vom Weg ab, sprangen hinunter, in die Ski und fuhren dorthin. 17 Schüsse! Ein erlegter Gamsbock! Bis wir alle 3 Gamsen beisammen hatten und wieder daheim waren, wurde es 9 Uhr abend. Bei der Heimfahrt mit den Skiern stürzte ich und verletzte mich am linken Daumen, der nun rechtwinkelig abstand. Wir konnten ihn aber wieder einrenken. Daheim waren wir zum Leimen dann zu müde«.

Im Kapitel »mein erstes Reh« ist zu lesen, wie der Vater von Herrn GAMSJÄGER, ein Forstarbeiter, über seinen Sohn zürnte, als er zum ersten Mal gewildert hat: »Ich war damals 15 Jahre alt. Mein Spezi [Freund] auch nicht älter. Und so fingen wir schön sachte mit diesem verfluchten Handwerk an. Wir hatten ein Flobertgewehr mit und gingen den Kreuzgraben

73

Abb. 67. »*Wildern beim Löckerteich*«.

hinauf, gleich hinter unserem kleinen Wohnhaus. Bald flüchteten drei Rehe durch den Hochwald. Ich lief, was ich konnte – und kam sogar beim Laufen zum Schuss. Die Geiß hatte es erwischt. Voller Freude gingen wir mit dem Reh auf der Schulter nach Hause. Dort hängte ich es auf einen Eisennagel im Keller, wo sonst die Schafe immer hingen. Das Haupt legten wir gleich in eine Rein und die Mutter kochte es. Sie meinte, wenn das der Vater sieht, wird er narrisch vor Zorn. Er war ja bei den Bundesforsten als Holzknecht und Maurer eingestellt. Er wollte mit solchen Sachen nichts zu tun haben. Denn es drohte ja die Entlassung. Er war fix angestellt, deshalb ist er nie wildern gegangen in dieser Zeit. Ich aber war stolz, dass wir jetzt endlich Fleisch zu Hause haben würden. Als der Vater von der Arbeit heimkam, erzählte ihm die Mutter, dass wir eine Rehgeiß im Haus haben. Eigentlich gut! Wir hatten ja nie Fleisch zu essen, in dieser Zeit, im Jahre 1927. Da sprang der Vater vom Tisch auf, haute zu, dass ich von der Tischbank auf den Boden flog, dort schlug er noch einige Male mit seinen großen Holzknechtspratzen auf mich ein und schrie, moanst i lass mi von dir um mei Arbeit bringen, du Lausbua, du verflichter! Er befahl, dass das Reh sofort aus dem Haus muss. Mein Bruder Hans und ich trugen es in der Nacht beim Pinzgerhaus auf das Feld hinaus und gruben es ein. Das war eine große Enttäuschung für mich. Jetzt kannte ich mich aber aus. Heimbringen konnte ich kein Wild mehr.«

Der Wilderer wird zum Jäger

Im Jahr 1938, also nach dem Anschluss an Deutschland, wird SEPP GAMSJÄGER bei den Bundesforsten als Revierjäger eingestellt, jetzt beginn eine Zeit, in der er auf der Seite der Jäger, also auf der gegnerischen stand: »März 1938. Der Einmarsch Hitlers in Österreich. Von diesem Tag an hatte jeder eine Arbeit. Auch ich fand bei den Bundesforsten als Holzknecht und beim Wegebau eine feste Anstellung. Sogar die meisten alten Sozialisten anerkannten diese Wandlung. Ich begann jetzt neben der Arbeit Jägerlatein zu studieren und machte dann die große Revierjägerprüfung. Am 1. 1. 1939 wurde ich Revierjäger im Gebiet Schattau/Russbach (!!), das zu den Gosauer Bundesforsten gehörte, angestellt. Mein größter Wunsch war nun erfüllt. Jetzt war alles legal. Oft bin ich um 3 Uhr früh bei schönem Wetter in meiner Jagdhütte aufgestanden, habe mich auf meinen Hochsitz gesetzt und habe mir gedacht, jetzt bin ich ein kleiner Herrgott! Das waren die schönsten Tage meines Lebens, im Jahre 1939. Ich danke Gott viel tausendmal! Ich war nun ein freier Mensch, ein freier Waldmensch, ich war immer oben im Revier und bei meiner neuen Heimat – der Schattauhütte. Nur wenn mir die Kost ausging, kam ich heim. Ich hatte eine riesige Freude an dem Beruf. Große Enttäuschungen lernte ich erst in meinen späteren Lebensjahren kennen«.

Abb. 68. SEPP GAMSJÄGERS Familie (hinten der Dritte von links). – © PAUL GAMSJÄGER, Gosau.

SEPP GAMSJÄGER heiratet nun eine Sennerin, wie er festhält: »Am 11. 2. 1939 heiratete ich meine Frau, die Ludmilla Spielbüchler vom Poschenhaus, die bis dahin Sennerin auf der Poschen-Almhütte oberhalb vom Pass Gschütt war (ihr Bruder wurde 1945 SPÖ-Bürgermeister von Gosau und Nationalrat). In diesem Jahr wurde ich noch Vater eines lieben Mädchens, wir taufen sie Ruth. Dann kam Hitlers Schattenseite. Der Krieg. Ich musste am 1. 4. 1940 einrücken. Ich kam zuerst zur Infanterie und dann zu den Panzern.« Bei den Schilderungen über seinen Kriegseinsatz in Rumänien meint SEPP GAMSJÄGER: »Es heißt nicht mehr: Deutschland über alles, sondern Deutschland nimmt Dir alles«. SEPP GAMSJÄGER muss nach Russland. Endlich meint er, als der Krieg zu Ende ist: »Ich halbwilder Mensch war jetzt froh, dass mit dem Kriegsende alles aus war . . . . Ich war nach dem Krieg noch 3 Monate Jäger im Revier Rando. Aber auch ich, ein Nazi ab 1933 bis zum Krieg, verlor den sicheren Posten eines Revierjägers der Bundesforste. Gott sei Dank erhielt ich dann von meinem bisherigen Geldgeber die Arbeit als Holzknecht. Da war ich dann drei Jahre. 1948 wurde ich wieder als Revierjäger eingestellt. Im Revier Modereck. Im Jahre 1949 wurde ich Vater von einem Buben, mein Töchterlein war da schon 10 Jahre alt. Ein Sohn zwischen den beiden ist mir im Jahr 1944 gestorben. Ab meiner Anstellung als Jäger war nun alles in Ordnung gekommen und ich war sehr zufrieden – mit allem!«.

»Die Oberen sind ein Gesindel«

Unter der Überschrift »Mein Jägerleben« heißt es: »In meinem Jägerleben nach dem 2. Weltkrieg kam ich zu der Einsicht, dass der Mensch nicht edel ist, wie es in den Büchern steht. Nein, er ist meistens ein großer Egoist. Auch in der Jagd richten es sich die Oberen, wie sie wollen. Wenn man das erfährt am eigenen Leib, das tut bitter weh! Jetzt singen

Abb. 69. SEPP GAMSJÄGER *und sein Hund*
HIRSCHMANN.

Abb. 70. SEPP GAMSJÄGERS *Hütte.*

sie im Radio ein altes Wildererlied – und da will ich losen ... ab Mai 1948 war ich wieder Revierjäger im Revier Modereck. Da dieses nicht verpachtet war, hatte ich keine hohen Jagdpächter als Herrn, ich lebte nun wie ein Kaiser. Wild war leider von den Kriegszeiten nicht viel übrig geblieben – und den kleinen Abschuss machten die Amerikaner, die 10 Jahre als Besatzer in Gosau waren. Sie waren sehr anständig und wir kamen mit ihnen sehr gut aus. ... Das Jagen war auch jetzt wieder nur den Offizieren vorbehalten. Also wieder der Herr und der Knecht, wie eben überall. Am 16. 9. 1951 traf den Jäger Hubner der Schlag und ich mußte das Revier Briel übernehmen. Da war ich dann bis 1968«. Spannend sind die Gedanken von SEPP GAMSJÄGER zu den Wilderern: »Ich sage zu den Wilderern immer, sie sollen nicht am Tag schießen, wo ich einen Jagdherrn im Revier habe. Der zahlt pro Jahr den Bundesforsten viel Geld und möchte dafür einen guten Wildstand haben. Eines Tages hatte ich wieder einmal Händel mit den Wilderern. Sie konnten mir entkommen, aber ich wußte, wer sie waren. Das erzählte ich meinem Chef, dem Forstmeister von Gosau. Der sagte barsch: Warum haben Sie den Wilddieben nicht die Gewehre abgenommen? Das sagte er mir unter das Gesicht! Ich hatte mein Möglichstes getan und dann das? Ich konnte mich dann nicht zurückhalten und sagte frech: Sind Sie schon einmal in ihrem Leben mit jungen, starken, im Gesicht schwarzgefärbten Wilderern im Wald zusammen getroffen? Da schimpfte er mich, ich sei zu frech – und wir gingen zerstritten auseinander.«

Ebenso interessant sind GAMSJÄGERS Betrachtungen zum Jagdherrn: »Ich kann mir heute noch nicht denken, warum mir nicht schon damals der Knopf aufgegangen ist. Dass ich denn immer so blöd war und nicht begreifen konnte, was die Oberen für ein Gesindel sind. Leckt mich doch am A…! Das hätte ich mir denken sollen. Aber es kam schließlich so weit, dass mir in den letzten Dienstjahren schon die Wilderer lieber waren, als die Leute in der Jagd da oben.«

Der Jäger wird wieder Wilderer

Seine Erzählung über sein Leben als Wilderer und Jäger beendet SEPP GAMSJÄGER mit diesen Gedanken: »Ich schreibe das Jahr 1984. Ich bin schon 14 Jahre in Pension. Außer 5 Jahre Barras [Militär, 2. Weltkrieg] war ich beinah immer im Wald. Zuerst leidenschaftlicher Wilderer, dann leidenschaftlicher Jäger und heute noch ein leidenschaftlicher Waldgeher«. PAUL GAMSJÄGER, ergänzte in Klammer noch: »er [SEPP G.] schrieb nicht dazu ›Wilderer‹, das sollte niemand wissen außer meiner Mutter und mir.«

Das letzte Kapitel ist mit »Nach der Jägerzeit« überschrieben. Dabei ist zu lesen: »Nachschrift – Diese Zeilen verfasste PAUL GAMSJÄGER«. Nun erfährt man noch etwas über das Leben SEPP GAMSJÄGERS als Wildschütz: »Mein Vater schrieb von seinem Wildererleben, dass er nach seiner Pensionierung im Jahre 1970 führte, nichts auf, wahrscheinlich wollte er keine Schwierigkeiten bekommen und keinen unnötigen Ärger. Deshalb das Schweigen darüber.

Abb. 71. Die Ebenalm heute.

Denn er hatte ja vor, dieses Schriftstück Freunden zum Lesen zu leihen. Als er es mir gab, sagte er, das kannst du einmal kopieren oder drucken lassen. 1968 hatte er einen Streit mit seinem letzten Jagdherrn. Und wurde frühzeitig aus dem Dienst entlassen, zwei Jahre vor seinem 60. Geburtstag. Zunächst war er arbeitslos, aber dann wurde er doch noch für rund 2 Jahre angestellt, mit kleinen Bezügen. In dieser Zeit musste er für den Forst die Grenzsteine rund um Gosau und an allen Forstgrenzen suchen, manch-

Abb. 72. SEPP GAMSJÄGER (links) und seine Freunde.

mal ausgraben und neu streichen. Mein Vater ging dann im Jahr 1970 endgültig in Pension. Es war nicht viel, es war nicht wenig, was er bekam. Er war sehr zufrieden. Und meine Mutter war eine große Sparmeisterin. Sie konnte auch gut kochen, gut Reste verwerten, stricken und kaufte sich in den 1960er Jahren eine Strickmaschine, wie sie damals in Fabriken standen. Damit erzeugte sie Westen und Pullover, die sie im Umkreis verkaufte, und uns selber versorgte sie auch damit. Vater wollte nie Geld im Brieftascherl haben. Mehr als 20 Schilling waren da nie drinnen. Er meinte immer, so lange meine Frau das Geld verwaltet, müssen wir nicht hungern. Als sie starb, ein Jahr vor ihm, Schlaganfall im Bett, sie wurde 79 Jahre alt, schnitt er von einem Foto ihr Gesicht aus, klebte dieses auf sein kleines Geldtascherl. Und einmal erlebte ich ihn, wie er unter der Zirbe vor seinem Haus saß und mit seinen Knien sprach: ›Ihr seid immer brav gewesen, ihr habt mich immer hingetragen, wohin ich wollte‹ Zwei wichtige Punkte gibt es für mich, sagte er 1970 zu mir, als er in Pension ging. ›Der erste Punkt: Wenn mir die Bundesforste nicht den Schlüssel für die Waldstraßen lassen, dann verpick ich ihnen die Schlösser bei den Schranken jede Nacht, bis sie sich blau und grün ärgern. Der zweite Punkt: Wenn mir die Bundesforste zum Pensionsbeginn keinen Rehbock-Abschuss bewilligen, so wie bisher immer üblich, dann werde ich mir jedes Jahr einen (Rehbock) stehlen!‹«

Den Schlüssel ließ man ihm. Den Bock bekam er nicht. PAUL erzählt, dass sein Vater auf dem Hornspitz neben der Petern-Alm eine Blockhütte gebaut hat, von der er jeden Tag in verschiedenen Richtungen in den Wald ging, vom Pass Gschütt bis zur Zwieselalm: »Und jedes Jahr holte er sich schwarz einen guten Rehbock. Jetzt habe ich ihnen wieder den besten gestohlen, sagte er oft – und er zeigte mir das Geweih [Krucken]. Einige in Gosau wussten es, aber so genau wusste es dann auch wieder niemand. Jedenfalls kam dann immer meine Mutter zu mir ins Haus und sagte, heute gibt es wieder ein Schaffleisch, kannst mit uns essen. Gemeint war der Rehbock. Das Geweih hat er dann mit dem braunen Saf seiner Pfeife eingerieben und weiter behandelt, bis es sehr alt aussah. Dann hängte er ein Geweih in der Küche ab (Wohnzimmer gab es keines) und das neue hin.«

»Zu den Jägern sagte er auf ihre Frage zum Geweih: ›das ist ein Bock aus alten Zeiten‹, zu den Wilderern sagte er die Wahrheit. Als er dann schon alt war, er wurde 87 Jahre, musste ich ihr ab und zu bei den geheimen Wilderer-Treffen in bestimmten Wohnhäusern abliefern.«

»Ich holte ihn nach 3 oder 4 Stunden wieder ab, mit einem zufriedenen Lächeln um den Mund, samt Biergeruch. Einzelheiten hat er nicht einmal mir erzählt. Ab und zu begegnete ich einem Gosauer, der mich darauf aufmerksam machte, dass er auf verschiedenen Plätzen im Wald wieder einen Baum entdeckt hat, in dem ganz dicke und große Sparrennägel stecken. Die hat mein Vater da hineingetrieben, um leichter auf die Fichten hinaufzukommen, um nach Wild Ausschau halten zu können. Mit 75 Jahren schoss er seine letzte Gams. Ein guter Freund hatte ihn dazu überredet, so erzählte es mir mein Vater. Dieser Freund ging dann auch mit: Das hat er mir erzählt, als ich mit ihm ein Jahr vor seinem Tod mit der Russbachbahn auf den Hornspitz gefahren bin, dort mit dem Bummelzug zur [Groß]Ed[t]-Alm, wo ein junger Bursch wunderschön Ziehharmonika spielte. Da wurde mein Vater weich und er begann zu erzählen. Weil er diesen Gams beim Vorderen Gosausee nicht gleich beim ersten Schuss traf, hörte er mit dem Wildern auf. Mit 75 Jahren! Sein ständiger Begleiter in der Pension war der Rauchfangkehrer Lois, dieser ging mit ihm sehr oft auf die Pirsch. Zusammen mit dem Besitzer der Petern-Alm hatten sie in den Hütten oft die größte Gaudi. Auch Russbacher stießen oft dazu. Sie erzählen mir heute noch von so machen ›Schandtaten‹ meines Vaters.«

PAUL GAMSJÄGER ist stolz auf seinen Vater, einen Mann, der tatsächlich andauernd mit Grenzen zu tun hatte, nicht nur als Wildschütz. Er überschritt vor dem Krieg die Grenze hinüber nach Deutschland, um sich der Strafe wegen Wilderns zu entziehen, er war als Wildschütz in den Bergen um Gosau unweit der Grenze nach Salzburg unterwegs und er überschritt auch soziale Grenzen, als er als Revierjäger mit noblen Jagdherren unterwegs war.

Abschließende Gedanken

Die alten Wildschützen, die noch echte Waidmänner waren und nicht mit dem Auto auf unfaire Weise das Wild erlegten, waren zu Fuß im Gebirge unterwegs, hatten stets mit Grenzen zu tun, mit sozialen, geografischen und politischen. Spannend wird das Leben als Wilderer dann, wenn er mit geografischen Grenzen tun hat und er in die Berge steigen muss, um sich an das Wild anzupirschen. Besonders an der Grenze zu Italien, wie die Geschichte der Walder-Burschen zeigt, entwickelte sich in Osttirol eine interessante Rebellenkultur, zu der Wildschützen ebenso gehören wie Schmuggler.

In den Erzählungen von SEPP GAMSJÄGER wird lebendig, wie in Zeiten der Not Bauernburschen und Holzfäller an der oberösterreichischen Grenze zu Salzburg zu Wildschützen wurden. Bei ihnen verband sich Not und Leidenschaft, aber auch die Freude daran, noblen Jagdherren vor allem die Gams wegzuschießen.

Literatur

BRANDL, S. 2012. Rund um Salzburg: Flachgau – Tennengau – Rupertiwinkl. – 176 S.; München.

GAMSJÄGER, P. (Hrsg.). 2012. Wilderer – Jäger – Wilderer. Erzählungen von SEPP GAMSJÄGER. – 196 S.; Gosau, Salzburg, Wien (Arovell-Verlag).

GIRTLER, R. 1999. Wilderer – Rebellen der Berge. – 341 S.; Wien (Böhlau).

– 2004. Wilderer-Kochbuch mit Durchschuss. Rezepte von Eva Bodingbauer. – 175 S.; Wien (Böhlau).

Pilgern für Einsteiger – der Leonhardsweg in sechs Tagen

REINHARD GRABHER

Zu Beginn des Aufbruchs stehen eine Idee, ein Wunsch, ein Verlangen, eine Sehnsucht. Die Gründe für eine Pilgerwanderung reichen von spirituellen und religiösen bis hin zu rein sportlichen Motiven. In meinem Fall waren sie auch von beruflicher Neugier geprägt. Als Vorbereitung auf eine Dokumentation sollten eigene persönliche Erfahrungen gesammelt sein.

Die erste Idee war, ein Stück des Jakobswegs zu gehen, zumal auch das Bundesland Salzburg seinen Anteil am vielleicht berühmtesten Pilgerweg hat. Von Oberösterreich kommend führt der durch den Flachgau nach Salzburg. Am Salzburger Dom vorbei geht es weiter nach Wals-Siezenheim und Bad Reichenhall. Doch es muss nicht immer der Jakobsweg sein!

Am Salzburger Dom nimmt auch der Leonhardsweg seinen Anfang. Den will ich gehen: 133 Kilometer zur Wallfahrtskirche Sankt Leonhard bei Tamsweg.

Wer sich nun von den folgenden Zeilen eine detaillierte Wegbeschreibung erwartet, möge das Buch beiseite legen und stattdessen das Internet bemühen. Die genaue Route ist dort bequem nachlesbar. Was sie hier erwartet, sind vielmehr persönliche Anmerkungen zu einer Sechs-Tages-Tour auf einer geschichtsträchtigen Route.

Die Geschichte des Leonhardswegs

Die Kirche Sankt Leonhard zählte bereits im späten Mittelalter zu den wichtigsten Wallfahrtsorten in Österreich. Der Legende nach verschwand im Jahre 1421 eine Statue des Heiligen LEONHARD aus der Pfarrkirche in Tamsweg, um später an einem Hangrücken nahe Tamsweg wiedergefunden zu werden. Das wiederholte sich Tage später, sogar als die Leonhardsfigur in einer Holztruhe versperrt wurde. Die Statue fand sich immer wieder auf einem Baumstamm am nahen Bergrücken wieder. Das nährte in Folge eine Wallfahrtsbewegung, die dann im Bau der Leonhardskirche bei Tamsweg mündete.

In den folgenden Jahrhunderten wurde es immer ruhiger um den Wallfahrtsort, bis zum Jahr 2008. Anlässlich der anstehenden Kirchenrenovierung kam dem Pfarrer von Tamsweg, Dechant Dr. MARKUS DANNER, die Idee eines Pilgerweges vom Salzburger Dom zur Kirche Sankt Leonhard. Kein Museum wollte er saniert wissen, sondern einen spirituellen Ort. In diesem Jahr wurde der Leonhardsweg erstmals wieder begangen, 2011 wurde er offiziell eröffnet.

Planung der Pilgerreise

Planung ist auch beim Pilgern oder Weitwandern unerlässlich. In meinem Fall stellten sich zwei Fragen: Wie soll ich mir die Strecke einteilen, was soll und muss alles mit in den Rucksack? In vielen Pilgerbüchern werden Tagesetappen zwischen 25 und 30 Kilometern als übliches Maß beschrieben. Ich bin mir selbst gegenüber etwas toleranter. Die 133 Kilometer von Salzburg nach Tamsweg teile ich mir in sechs Etappen auf, schließlich stehen auch einige Bergstrecken an. Es ist unschwer zu erkennen, dass man den Leonhardsweg nicht nur im Ganzen bewältigen, sondern auch einzelne Strecken für eine Tageswanderung auswählen kann. Meist lassen sich Start und Ziel der einzelnen Etappen mit öffentlichen Verkehrsmitteln erreichen.

bb. 73. Das Ziel der Wallfahrt: die Leonhardskirche in Tamsweg.

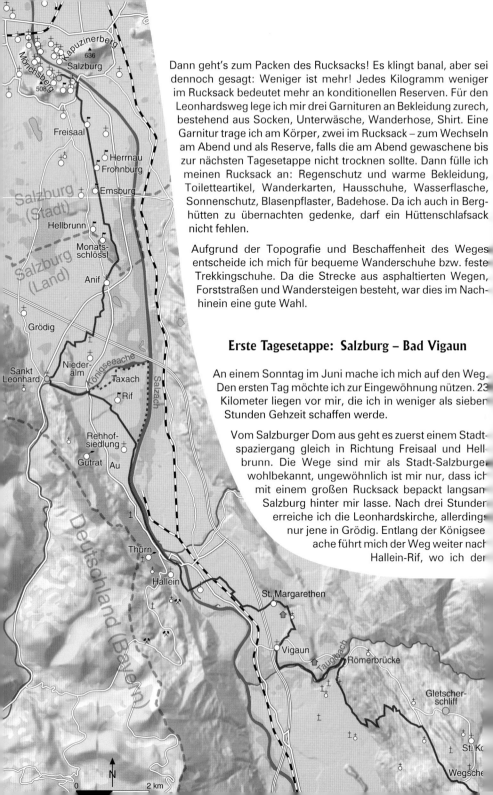

Dann geht's zum Packen des Rucksacks! Es klingt banal, aber sei dennoch gesagt: Weniger ist mehr! Jedes Kilogramm weniger im Rucksack bedeutet mehr an konditionellen Reserven. Für den Leonhardsweg lege ich mir drei Garnituren an Bekleidung zurech, bestehend aus Socken, Unterwäsche, Wanderhose, Shirt. Eine Garnitur trage ich am Körper, zwei im Rucksack – zum Wechseln am Abend und als Reserve, falls die am Abend gewaschene bis zur nächsten Tagesetappe nicht trocknen sollte. Dann fülle ich meinen Rucksack an: Regenschutz und warme Bekleidung, Toiletteartikel, Wanderkarten, Hausschuhe, Wasserflasche, Sonnenschutz, Blasenpflaster, Badehose. Da ich auch in Berghütten zu übernachten gedenke, darf ein Hüttenschlafsack nicht fehlen.

Aufgrund der Topografie und Beschaffenheit des Weges entscheide ich mich für bequeme Wanderschuhe bzw. feste Trekkingschuhe. Da die Strecke aus asphaltierten Wegen, Forststraßen und Wandersteigen besteht, war dies im Nachhinein eine gute Wahl.

Erste Tagesetappe: Salzburg – Bad Vigaun

An einem Sonntag im Juni mache ich mich auf den Weg. Den ersten Tag möchte ich zur Eingewöhnung nützen. 23 Kilometer liegen vor mir, die ich in weniger als sieben Stunden Gehzeit schaffen werde.

Vom Salzburger Dom aus geht es zuerst einem Stadtspaziergang gleich in Richtung Freisaal und Hellbrunn. Die Wege sind mir als Stadt-Salzburger wohlbekannt, ungewöhnlich ist mir nur, dass ich mit einem großen Rucksack bepackt langsam Salzburg hinter mir lasse. Nach drei Stunden erreiche ich die Leonhardskirche, allerdings nur jene in Grödig. Entlang der Königseeache führt mich der Weg weiter nach Hallein-Rif, wo ich den

Abb. 74. Der Gletscherschliff bei Sankt Koloman.

eigentlichen Leonhardsweg kurz verlasse, der von rechts in Richtung Rehhofsiedlung und weiter nach Hallein abzweigt.

Ich bleibe an der Königseeache, weil ich hier an den Naturbadeplätzen meine Rast einge-plant habe. Obwohl Zeit für ein kleines Bad gegeben ist, das Wasser der Königseeache ist in diesem Juni noch beißend kalt, aber ich will die Badehose nicht vergeblich eingepackt wissen.

Von der Einmündung der Königseeache in die Salzach folge ich einfach dem Treppelweg nach Hallein, wo ich wieder auf den Pilgerweg stoße. Zum Tagesziel Bad Vigaun fehlen jetzt noch 1,5 Stunden Fußmarsch. Ich bin froh, als das geschafft ist. So leicht der Weg zu finden ist, so wenig reizvoll erscheint er mir, gehe ich doch zumeist entlang von befahrenen Straßen. Spätnachmittags lasse ich mich in einem Gastgarten in Bad Vigaun nieder, ein Zimmer ist leicht gefunden, der Anfang ist geschafft!

Zweite Tagesetappe: Bad Vigaun – Abtenau/Voglau

Heute sind die ersten Höhenmeter zu bewältigen, acht Stunden Gehzeit habe ich für die knapp 26 Kilometer eingeplant. Da wieder ein kleiner Abstecher vorgesehen ist, mache ich mich früh auf den Weg. Entlang des Tauglbaches ist nach wenigen Minuten die Römerbrücke erreicht. Hier zweige ich zum zweiten Mal vom Leonhardsweg in Richtung Gletscherschliff Sankt Koloman ab.

1974 wurde beim Neubau der Sankt Kolomaner Landesstraße der Gletscherschliff entdeckt und freigelegt. Der Umplanung im Straßenverlauf ist es zu verdanken, dass der Gletscher-schliff als bedeutender glazialer Geotop, als geologisches Naturdenkmal der Nachwelt erhalten blieb.

Der eiszeitliche Salzachgletscher erreichte am Höhepunkt der letzten Eiszeit, dem Würm-Glazial vor 24000 bis 22000 Jahren im Bereich von Sankt Koloman eine Höhe von 1500 Metern. Das bedeutet, dass über dem Gletscherschliff noch etwa 700 Meter Eis lagen. Wenn man die Tieferlegung des Salzachtales durch die Eiserosion mit 300 Metern annimmt, so kann man von einer Eisdicke von 1300 Metern ausgehen. Alle Erhebungen über 1500 Metern ragten inselartig aus der Eisoberfläche heraus.

Das Eis floss – wie heute die Salzach – nach Norden. Bei der Bewegung der zähplastischen Masse über den Untergrund wurden Geschwindigkeiten von 1 bis 2 Meter pro Tag erreicht. An der Gletscherbasis befanden sich Steine, Kiese und Sandkörner, die durch den hohen Druck der Auflast der darüberliegenden Eismassen den Untergrund überprägten. Das Feinmaterial wirkte in Verbindung mit dem Wasser wie eine Schleifpaste und polierte sowohl den Untergrund als auch die Geschiebe selbst. Auf vielen Steinen findet man Kritzer, typische Gletscherschrammen.

Das Gestein des Gletscherschliffes von Sankt Koloman ist grauer, mergeliger Oberalmer Kalk. Dieser stammt aus dem obersten Jura (vor 150 Millionen Jahren) und beinhaltet unregelmäßig geformte, dunkle Hornsteinknollen. Da diese härter als der umgebende Kalk sind, konnten sie der Schleifwirkung des Gletschers besser widerstehen und treten optisch eindeutig hervor.

Der Abstecher hat sich gelohnt, der Zeitverlust ist gering. In Sankt Koloman stoße ich wieder auf den Leonhardsweg. Im Ortsteil Wegscheid bin ich froh, die Straße endlich verlassen zu können: Ich bin kein Asphaltmarschierer. Ich halte mich an die Beschilderung in Richtung »Wilhelmskapelle«. Einen Forstweg geht es bergan, gut eine Stunde nach Sankt Koloman ist die idyllisch gelegene Kapelle erreicht.

Die schindelverkleidete kleine Kirche liegt einsam im Zimmereckwald, in Nachbarschaft des Fagersteins mit seinem Felsspalt. Es ist ein wunderbarer Platz, auch wenn sich wie heute

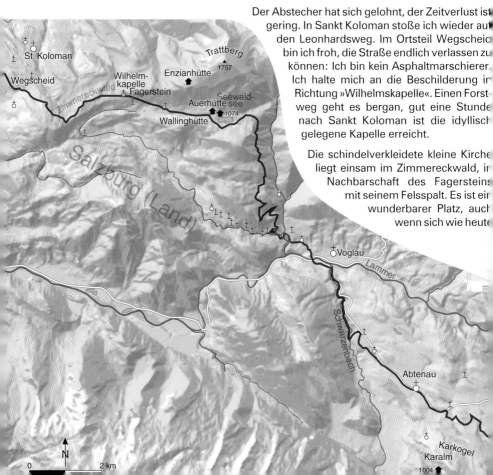

die Sonne hinter Wolken versteckt. Der Ort gilt als uralte, noch auf die Hallstattzeit zurückreichende Kultstätte. Es wird berichtet, dass seit dem 17. Jahrhundert die Holzkapelle immer wieder abgerissen und neu errichtet wurde. Die jetzige Kapelle wurde 1851 gebaut und geweiht.

Ich halte mich aber nicht lange auf, denn ich will weiter zum Seewaldsee, der sich eine Stunde später vor mir in einer Talmulde präsentiert. Er liegt auf 1074 Meter Seehöhe in einem Naturschutzgebiet. Ökologisch ist der See wegen seiner Moor- und Sumpfvegetation bedeutsam. Hier wachsen seltene Pflanzen wie die Gelbe Teichrose, der Teichschachtelhalm, der Fieberklee, der Sonnentau und die Rosmarinheide. Im Sommer erreicht der Seewaldsee sogar Badetemperaturen, dafür reicht es bei meinem Besuch leider noch nicht, aber es ist ein wunderbarer Platz für eine kurze Rast.

Dann muss ich weiter. Ich umrunde den See und erreiche zwei Stunden später einem Forstweg und später einer Asphaltstraße folgend mein heutiges Etappenziel: den Abtenauer Ortsteil Voglau, wo ich mich im Gasthaus gleichen Namens einquartiere.

Abb. 75. Die Wilhelmskapelle.

Abb. 76. Der Seewaldsee.

Abb. 77. Blick in Richtung Abtenau. Rechts hinter dem Ort der Karkogel mit den Skiabfahrten.

Ich bin froh, aus den Wanderschuhen zu kommen. Mehr als acht Stunden reine Gehzeit, knapp 26 Kilometer, 430 Höhenmeter bergan und ebensoviele bergab: Ich erlaube mir, müde zu sein.

Dritte Tagesetappe: Voglau/Abtenau – Annaberg

Heute will ich es zumindest bis Annaberg schaffen, wenn es die Kondition erlaubt, soga die Mahdalm oberhalb von Annaberg. Aber das ist beim Aufbruch in Voglau noch eine offene Frage.

Kurz muss ich mich an der dicht befahrenen Straße in Richtung Annaberg halten, dann führ mich der Weg idyllisch am Schwarzenbach entlang aufwärts in Richtung Abtenau.

Dort bringt eine Unachtsamkeit meinen Tagesplan zu Fall: Am Ortsende passiert mir wiede einen Abstecher, unabsichtlich und kräftezehrend. Im Bereich der Winterrodelbahn am Kar kogel verpasse ich die richtige Abzweigung. Unsicher geworden, frage ich zwei Passanter nach dem Pilgerweg. Gemäß der freundlichen Auskunft gehe ich weiter und finde mich un versehens im Aufstieg auf den Karkogel wieder. Umkehren oder den Karkogel überqueren Ein Münzwurf entscheidet und schickt mich weiter bergan. Der Umweg raubt mir die Kondi tion, belohnt mich aber mit einem herrlichen Panorama über Abtenau und das Lammerta

Allerdings werden aus den geplanten drei Stunden für die Strecke Abtenau-Annaber nun fast fünf. Erst nach 15 Uhr erreiche ich Annaberg. Zwar ist der Wunsch, zur Mahdaln aufzusteigen, weiterhin vorhanden, angesichts der schon ziemlich leeren »Akkus« aber nu theoretischer Natur. Was soll's, mein Zeitpolster ist groß genug!

Als ich aber meinen unfreiwilligen Umweg aus meinen Aufzeichnungen streiche, merk ich erst, welch dürftige Etappe ich verbuchen kann: die Strecke Voglau-Annaberg auf der Leonhardsweg beträgt 16,5 Kilometer mit einer Gehzeit zwischen 4,5 und 5 Stunden. Da war kein Ruhmesblatt!

Abb. 78. Der Schwarzenbach.

Vierte Tagesetappe: Annaberg – Forstau

Heute will ich das verlorene Terrain wieder auf-
holen. Um acht Uhr bin schon unterwegs. Am
Ortsende von Annaberg, direkt an einer Brücke
über die Lammer, zeigen mir zahlreiche Wegweiser
die richtige Route zur Mahdalm.

In der frischen Morgenluft geht es zuerst wenige
Minuten durch einen Wald und dann entlang einer
Wiese bergan. Zwei Jungstiere stehen stoisch auf
dem Weg, beobachten kauend den Wanderer, der
sich an ihnen vorbeischiebt.

Gut beschildert führt mich der Forstweg – mit
zahlreichen »Abschneidern« – höher und höher.
Es ist noch nicht einmal zehn Uhr, als die Mahdalm in Sicht kommt. Auf der sonnigen Terrasse
der Mahdalm genieße ich ein kühles Getränk und
das Panorama. Hier zu übernachten, das wäre die
richtige Entscheidung gewesen – Müdigkeit hin,
Müdigkeit her!

Die Hüttenwirtin klärt mich dann aber auf, dass es
aufgrund der geringen Bettenanzahl notwendig
gewesen wäre, das Nachtquartier telefonisch zu
reservieren.

Abb. 79. Wegweiser zur Mahdalm am Ortsende von
Annaberg.

Abb. 80. Auf der Mahdalm.

Unterhalb der mächtigen Bischofsmütze führen mich die Wandersteige sicher weiter in Richtung Filzmoos. Durch eine beeindruckende Almlandschaft geht es an der Sulzkaralm vorbei zunächst in Richtung Hofpürglhütte, dann aber zur Aualm.

Der Doppelgipfel der Kleinen und Großen Bischofsmütze ist eine der markantesten Felsformationen der Nördlichen Kalkalpen. Am 22. September und 10. Oktober 1993 ereignete sich vom 2458 Meter hohen Hauptgipfel ein spektakulärer Felssturz. Der Abbruch einer Felsmasse führte zum »Abstürzen« von 50000 bzw. 100000 Kubikmeter Gesteinsmaterial. Inmitten der riesigen Staubwolke war die Hofpürglhütte nicht mehr zu sehen.

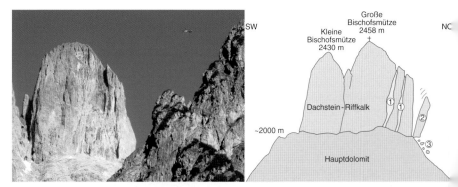

Abb. 81. Die Bischofsmütze nach dem Abbruch der Felsnase (grau: ursprünglicher Fels; braun frisch freigelegter Fels nach dem Abbruch) und Skizze der geologischen Verhältnisse. 1, höhlenartig erweiterte und mit Lehm gefüllte Klüfte; 2, durch Zerrklüfte vom Verband getrennte Kalklamellen stürzen ab, weil (3) ihr Fuß aus Dolomit unter dem Einfluss der Verwitterung allmählich abbröckelt.

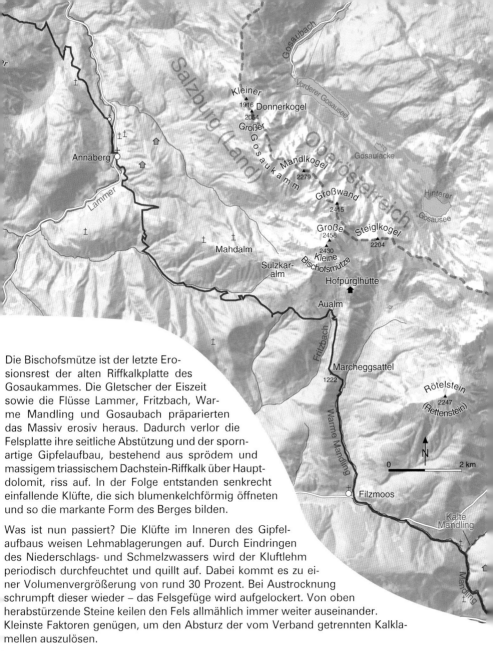

Die Bischofsmütze ist der letzte Erosionsrest der alten Riffkalkplatte des Gosaukammes. Die Gletscher der Eiszeit sowie die Flüsse Lammer, Fritzbach, Warme Mandling und Gosaubach präparierten das Massiv erosiv heraus. Dadurch verlor die Felsplatte ihre seitliche Abstützung und der spornartige Gipfelaufbau, bestehend aus sprödem und massigem triassischem Dachstein-Riffkalk über Hauptdolomit, riss auf. In der Folge entstanden senkrecht einfallende Klüfte, die sich blumenkelchförmig öffneten und so die markante Form des Berges bilden.

Was ist nun passiert? Die Klüfte im Inneren des Gipfelaufbaus weisen Lehmablagerungen auf. Durch Eindringen des Niederschlags- und Schmelzwassers wird der Kluftlehm periodisch durchfeuchtet und quillt auf. Dabei kommt es zu einer Volumenvergrößerung von rund 30 Prozent. Bei Austrocknung schrumpft dieser wieder – das Felsgefüge wird aufgelockert. Von oben herabstürzende Steine keilen den Fels allmählich immer weiter auseinander. Kleinste Faktoren genügen, um den Absturz der vom Verband getrennten Kalklamellen auszulösen.

Dem ersten Felssturz ging eine lange Regen- und Kälteperiode voraus. Der Fels war kalt, der Kluftlehm sehr feucht und die Klüfte mit Wasser gefüllt. Am 22. September 1993 gab es bei starkem Föhn extreme Sonneneinstrahlung. Die Volumenausdehnung des Riffkalks durch die plötzliche Erwärmung, sowie das Aufquellen des Kluftlehms und der hydrostatische Druck der wassergefüllten Klüfte führten zum Abbruch. Der zweite Felssturz war die logische Folge des ersten. Dabei kam es zum Abbrechen aufgelockerter benachbarter Wandteile.

Über die Aualm und den Marcheggsattel ist Filzmoos bald erreicht. Ein Gastgarten für die Mittagsrast zu finden, wird zu keiner schweren Aufgabe. Allzu lange halte ich mich dennoch nicht auf. Knapp 13 Kilometer liegen heute noch vor mir.

Meist führt mich hier der Leonhardsweg nun über Schotterstraßen. Ich genieße den »Höhenweg nach Mandling« entlang der Warmen Mandling, auch wenn kurze Teile des Weges durch Erdrutsche und Schadholz in Mitleidenschaft gezogen sind.

Zum Abschluss der Etappe wird es noch einmal schweißtreibend. 300 Höhenmeter sind zu überwinden. Der Aufstieg zur Brandscharte zieht sich hin, vor allem weil die Füße immer schwerer werden.

Nach insgesamt acht Stunden reiner Gehzeit ist Forstau erreicht. Die heutige Tagesbilanz kann sich sehen lassen: nach 27 Kilometern und 1200 Höhenmetern bin ich wieder im Soll!

Fünfte Tagesetappe: Forstau–Oberhüttensee

Am vorletzten Tag meiner Pilgerwanderung gehe ich es gemütlich an, meine Füße danken es mir. Heute liegen zwar 970 Höhenmeter, aber nur 13 Kilometer vor mir.

Erst kurz vor Mittag mache ich mich auf den Weg, der mich zuerst eine halbe Stunde lang über Asphaltstraßen führt. Dann wechselt der Untergrund, eine Schotterstraße geht es bachaufwärts in Richtung Vögeialm und Oberhütte.

Schritt für Schritt nähere ich mich dem höchsten Punkt meiner Pilgerwanderung: dem Oberhüttensattel auf 1866 Meter Seehöhe.

Bis zur Vögeialm zählen Mountainbiker und auch einige unentwegte Autofahrer zu meinen Begleitern, dann wird es merklich ruhiger. Ich verlasse die Schotterstraße und nehme den Wandersteig, der mich zuerst durch einen lichten Wald führt. Nach dreißig Minuten quere ich einen Bach und wandere über eine blumenreiche Almwiese. Anschließend geht der Steig über Stock und Stein hinauf zur Oberhütte am See. Auch hier lerne ich schnell: telefonische Reservierung des Quartiers ist unbedingt notwendig. Ich als Solowanderer finde im Schlaflager der Hütte noch ein Plätzchen für meinen Schlafsack, den ich doch nicht vergebens im Rucksack mitgeschleppt habe.

Abb. 82. *Blick in Richtung Filzmoos.*

Dass es eine gute Idee ist, hier am Oberhüttensee das Nachtlager aufzuschlagen, zeigt sich abends, als die untergehende Sonne mit ihrem Licht- und Schattenspiel die Bergwelt in ein Naturkino verwandelt.

Abb. 83. *Der Übergang am Oberhüttensattel.*

Sechste Tagesetappe: Oberhüttensee – Leonhardskirche bei Tamsweg

Die letzte Etappe hat es noch einmal in sich: 28 Kilometer vom Oberhüttensattel nach Tamsweg. Ich stehe zeitig auf, bin um halb acht Uhr schon unterwegs. Nebel und leichtes Nieseln begrüßen mich, als ich aus der Oberhütte trete. Na also – gestern den Hüttenschlafsack und heute den Regenschutz. Alles was ich in meinen Rucksack gestopft hatte, hat seine Verwendung gefunden.

Am Oberhüttensee vorbei geht es nun bergab in Richtung Weißpriach. Langsam hebt sich der Nebel, das Nieseln hört auf, die Stimmung steigt. Zwei Stunden nach dem Aufbruch ist der Talboden erreicht. Die Lonka, für mich einer der natürlichsten Bäche, begleitet mich lange auf dem Weg nach Weißpriach und weiter nach Mariapfarr, die Sonne hat Nebel und Wolken schon fast zur Gänze aufgelöst.

Sanft mäandriert der Bach durch das immer breiter werdende Tal. An heißen Sommertagen lassen sich Kinder und Jugendliche auf Schwimmreifen die sanfte Lonka hinabtreiben.

Warm ist es geworden, als ich mich Mariapfarr nähere. Im Schatten der ältesten Kirche des Lungaus genieße ich auch die letzte Rast meiner Pilgerwanderung. Die letzten zwei Stunden oder sieben Kilometer liegen noch vor mir. Nur nicht vom richtigen Weg abkommen, nehme ich mir vor!

Das gelingt. Nach gut einer Stunde öffnet sich kurz vor Mörtelsdorf bei Tamsweg das Tal und gibt den Blick auf das Ziel der Wanderung frei.

Wenig überraschend verfliegt die Müdigkeit, die Leonhardskirche liegt zum Greifen nah. Ein letzter kleiner Aufstieg, dann ist es geschafft: 133 Kilometer plus einige Umwege und Abstecher liegen hinter mir, dazu knapp 4000 Höhenmeter und drei Blasenpflaster!

Weiterführende Informationen auf www.leonhardsweg.at.

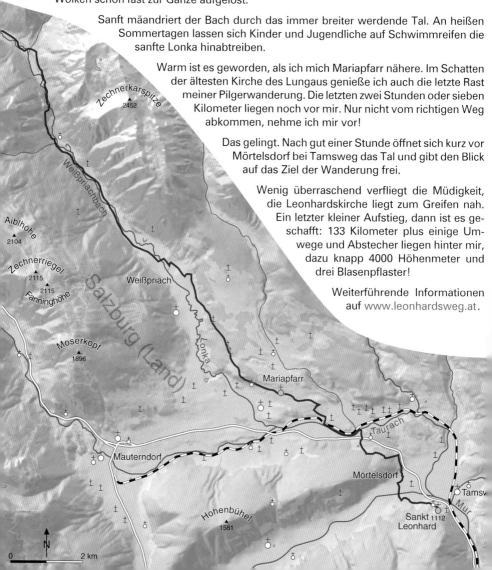

Abb. 84. Weißpriach.

Abb. 85. Blick über Tamsweg.

Geologie und Geomorphologie an der Westgrenze des Schladminger Kristallinkomplexes

EWALD HEJL

Lage und Anfahrt: Das Exkursionsgebiet liegt im hinteren Preuneggtal und im Umkreis der beiden Giglachseen in den westlichen Schladminger Tauern. Vom Ennstal aus ist die Ursprungalm durch das Preuneggtal wahlweise zu Fuß, mit dem Fahrrad oder Auto zu erreichen (ca. 8,5 km Mautstraße). Der Tälerbus (Linie 972, Planai-Hochwurzen-Bahnen) fährt während der Sommermonate – üblicherweise von Anfang Juni bis Anfang Oktober – viermal täglich vom Bahnhof Schladming zur Ursprungalm (www.verbundlinie.at).

Weglänge, Zeitaufwand, Höhenunterschiede: Ungefähr 10 km einschließlich Rückweg von der Akarscharte zur Ursprungalm; 4 Stunden reine Gehzeit; 500 m Höhendifferenz von der Ursprungalm zum Freying; weitere 250 m Höhendifferenz vom Znachsattel zur Akarscharte. Bei direktem Rückweg vom Znachsattel zur Ursprungalm (ohne Punkt 8) ergibt sich eine Zeitersparnis von gut einer Stunde.

Gelände und Ausrüstung: Über Fahrwege und markierte Steige, abschnittsweise aber auch über mäßig steile, weglose Hänge. Wegen des hochalpinen Geländes sind festes Schuhwerk, wetterfeste Kleidung und Sonnenschutz erforderlich.

Übernachtungsmöglichkeiten: Die Ursprungalm ist von Ende Mai bis Mitte Oktober bewirtschaftet. Es stehen mehrere Zimmer und Lager für die Übernachtung von 30 Personen zur Verfügung. Die Ignaz-Mattis-Hütte (Österreichischer Alpenverein, Sektion Wien) ist von Mitte Juni bis Anfang Oktober bewirtschaftet und bietet Platz für die Übernachtung von 57 Personen (7 Betten und 50 Lager).

Karten: Blatt 127 Schladming der ÖK 1 : 50 000. Die zusätzliche Verwendung des geologischen Kartenblattes 127 der Geologischen Bundesanstalt wird empfohlen.

Die Exkursionsroute führt uns an die Grenze zwischen den Bundesländern Steiermark und Salzburg bzw. an die Wasserscheide zwischen den Einzugsgebieten der Enns und der Mur. Außerdem verläuft hier die Kontaktfläche zwischen zwei sehr unterschiedlichen Gesteinsgruppen, nämlich dem Schladminger Kristallinkomplex einerseits und dem Radstädter Permomesozoikum andererseits.

Die geologischen Verhältnisse an der Westgrenze bzw. im tektonisch Liegenden des Schladminger Kristallinkomplexes haben wesentlich zum besseren Verständnis der ostalpinen Deckentektonik beigetragen. Zunächst hatte KOBER in mehreren Arbeiten (von 1922 bis 1938) eine primäre stratigrafische Verbindung zischen den paläo- und mesozoischen Formationen der Radstädter Tauern einerseits und dem variskischen Grundgebirge der Schladminger Tauern andererseits angenommen (variskisch: Name einer älteren Gebirgsbildung in Europa vor rund 400–250 Mio. Jahren). Folgerichtig zählte er den Schladminger Kristallinkomplex gemeinsam mit dem Radstädter Deckensystem zu seiner »unterostalpinen Deckenmasse«. Hingegen plädierte TOLLMANN ab 1963 für eine großräumige Fernüberschiebung zwischen einer inversen »Radstädter Quarzphyllitdecke« und dem Schladminger Kristallinkomplex, wobei diese hypothetische Überschiebung auch die Grenze zwischen seinem Unter- und Mittelostalpin bilden sollte. Spätere feldgeologische Befunde haben jedoch gezeigt, dass diese Deckengrenze nicht existiert (siehe SLAPANSKY & FRANK 1987, HEJL 2005, und darin zitierte Literatur). Wesentlich war dabei die Erkenntnis, dass die Basiskonglomerate des Perms (Alpiner Verrucano) horizontbeständig entlang der Grenze zu den variskischen Gneisen auftreten und an manchen Stellen dieser Grenzfläche sogar metamorphe Relikte eines jungpaläozoischen Verwitterungshorizontes erhalten geblieben sind (vgl. dazu Abb. 87). Demnach sind der Schladminger Kristallinkomplex und das Radstädter Mesozoikum ursprünglich zusammenhängende Einheiten, die im Zuge der kreidezeitlichen Gebirgsbildung vor rund 100 Millionen Jahren gefaltet, in Decken zerlegt und gemeinsam unter der Haupt-

Abb. 86. Blick vom Oberen Giglachsee zur Steirischen Kalkspitze.

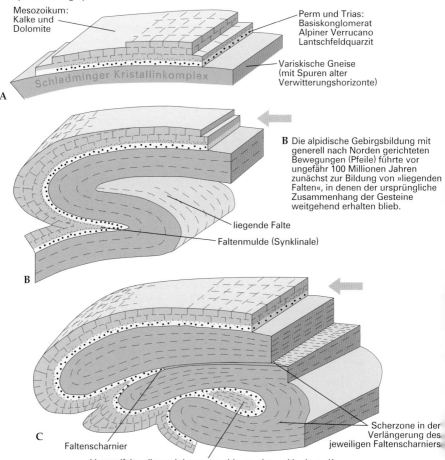

A Ausgangssituation vor etwa 200 Millionen Jahren (Obertrias): auf dem Untergrund aus über 250 Millionen Jahre alten Gneisen und Amphiboliten werden zuerst grobe Sedimente abgelagert (Basiskonglomerat, Verrucano), danach Kalke und Dolomite. Dieser Zusammenhang wird als »primär-stratigraphisch« bezeichnet.

Mesozoikum:
Kalke und
Dolomite

Perm und Trias:
Basiskonglomerat
Alpiner Verrucano
Lantschfeldquarzit

Variskische Gneise
(mit Spuren alter
Verwitterungshorizonte)

Schladminger Kristallinkomplex

A

B Die alpidische Gebirgsbildung mit generell nach Norden gerichteten Bewegungen (Pfeile) führte vor ungefähr 100 Millionen Jahren zunächst zur Bildung von »liegenden Falten«, in denen der ursprüngliche Zusammenhang der Gesteine weitgehend erhalten blieb.

liegende Falte

Faltenmulde (Synklinale)

B

Scherzone in der
Verlängerung des
jeweiligen Faltenscharniers

C   Faltenscharnier

Liegendfalte, die nach innen geschlossen ist und in deren Kern
die jüngsten Gesteine (Perm–Trias) eingeschlossen sind. Nach Hebung und Erosion
sind diese heute freigelegt und bilden die auffälligen Kalkspitzen in den Schladminger Tauern

Abb. 87. *Stark vereinfachte Darstellung der Sedimentations- und Gebirgsbildungsereignisse, die zum heutigen komplizierten Bau der Schladminger Tauern geführt haben.*

masse des ostalpinen Deckenkörpers über das Penninikum der Hohen Tauern geschoben wurden (Abb. 87B,C).

Die Trias der Kalkspitzen bildet einen auffälligen Fremdkörper innerhalb der ansonsten vorherrschenden Silikatgesteine der Schladminger Tauern. Es handelt sich dabei um einen Ausläufer des Radstädter Mesozoikums, der auf den Liegendfaltenbau des Schladminger Deckensystems zurückzuführen ist. Diese Faltendecken haben einen Kern aus variskischer

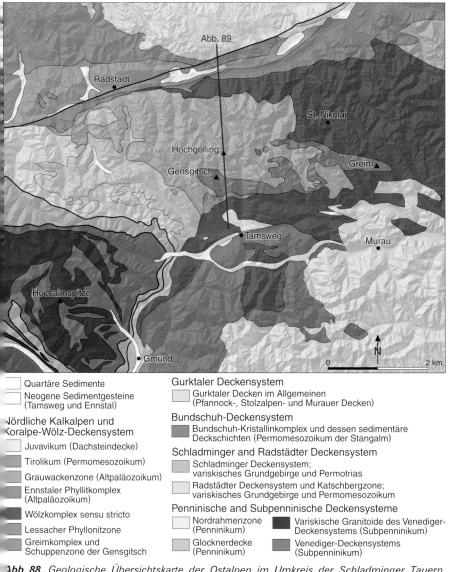

Abb. 88. *Geologische Übersichtskarte der Ostalpen im Umkreis der Schladminger Tauern. Geologische Einheiten vereinfacht nach den tektonischen Konzepten von* Schmid *et al. (2004),* Hejl *(2005) u. a.*

Gneisen und Amphiboliten des Schladminger Kristallinkomplexes und eine größtenteils invers liegende permotriadische Hülle (Abb. 87C). Konkret handelt es sich bei der »Kalkspitzentrias« um den Kern einer invertierten bis flachliegenden tektonischen Mulde, die im Süden geschlossen ist und deren Faltenschenkel zumeist mittelsteil nach Osten bis

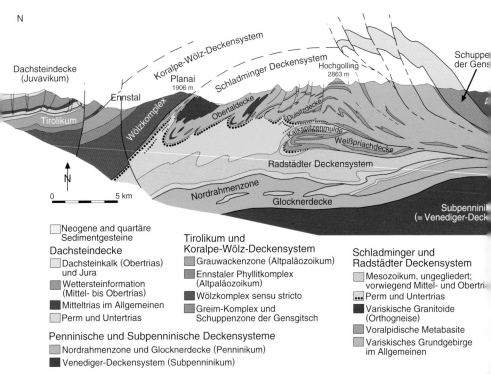

N

Dachsteindecke (Juvavikum)

Koralpe-Wölz-Deckensystem

Planai 1906 m

Schladminger Deckensystem

Hochgolling 2863 m

Schuppe der Gens

Ennstal

Tirolikum

Wölzkomplex

Obertaldecke

Duisitzdecke

Kalkspitzenmulde

Weißpriachdecke

Radstädter Deckensystem

0   5 km

Nordrahmenzone

Glocknerdecke

Subpennini (= Venediger-Deck

Neogene and quartäre Sedimentgesteine

Dachsteindecke

Dachsteinkalk (Obertrias) und Jura

Wettersteinformation (Mittel- bis Obertrias)

Mitteltrias im Allgemeinen

Perm und Untertrias

Penninische und Subpenninische Deckensysteme

Nordrahmenzone und Glocknerdecke (Penninikum)

Venediger-Deckensystem (Subpenninikum)

Tirolikum und Koralpe-Wölz-Deckensystem

Grauwackenzone (Altpaläozoikum)

Ennstaler Phyllitkomplex (Altpaläozoikum)

Wölzkomplex sensu stricto

Greim-Komplex und Schuppenzone der Gensgitsch

Schladminger und Radstädter Deckensystem

Mesozoikum, ungegliedert; vorwiegend Mittel- und Obertri

... Perm und Untertrias

Variskische Granitoide (Orthogneise)

Voralpidische Metabasite

Variskisches Grundgebirge im Allgemeinen

Abb. 89. Geologischer Schnitt durch die Schladminger Tauern. Die tieferen Teile des Schnitts (Kalkspitzenmulde, Weißpriachdecke, Penninikum und Subpenninikum) wurden achsial nach Ostnordosten in die Schnittebene projiziert. Man beachte den primären stratigraphischen Verband zwischen den tektonisch invertierten, permischen Basiskonglomeraten (gepunktete Signatur) und dem variskischen Grundgebirge des Schladminger Deckensystems.

Nordosten einfallen. Die jüngsten Gesteine (Ladinium) bilden den Kern der Liegendfalte, während gegen liegend (liegend = bergmännischer Ausdruck für »unten«) und hangend (= oben) jeweils ältere Gesteine (Kalke des Anisiums, Lantschfeldquarzit der Untertrias und permischer Verrucano) anschließen. Diese Situation ist vereinfacht in Abbildung 87C dargestellt. Der Bau ist in der Realität wesentlich komplizierter und dem Profil (Abb. 89) zu entnehmen.

Die Kalkspitzenmulde und die südlich in der Verlängerung des Faltenscharniers anschließende Scherzone im Talgrund des Weißpriachtales bilden die Grenze zwischen den beiden tiefsten Decken des Schladminger Deckensystems, nämlich der Weißpriachdecke im Liegenden (Westen) und der Duisitzdecke im Hangenden (Osten).

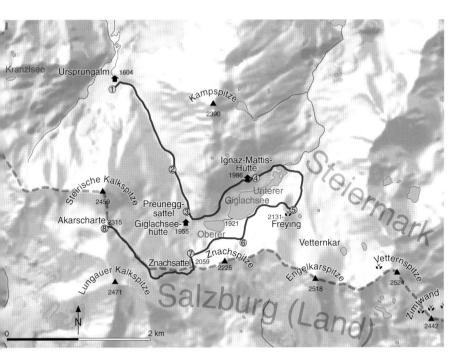

Wegbeschreibung mit Haltepunkten

① Ausgangspunkt: Ursprungalm

Die in einem Talkessel am Nordfuß der Steirischen Kalkspitze gelegene Ursprungalm (1604 m) ist der Ausgangspunkt unserer Wanderung (Abb. 90). Cineastische Berühmtheit erlangte diese Alm als Filmkulisse für den 1988 gedrehten Streifen »Heidi auf der Flucht« (Originaltitel »Courage Mountain: Heidi's New Adventure«) in dem es gelang, die Ursprungalm als »Heidis Dörfli« erscheinen zu lassen. Nun wollen wir aber Heidi, den Geißenpeter und den Almöhi verlassen und uns der Geologie des Gebiets zuwenden.

Der relativ flache Talboden der Ursprungalm wird im Süden von der schroffen Nordwand der Steirischen Kalkspitze (2459 m) begrenzt. Wie schon ihr Name andeutet, besteht der Großteil des Gipfelaufbaus aus Kalkstein, nämlich aus blaugrauen bis dunkelgrauen Bänderkalkmarmoren des Anisiums (ältere Mitteltrias). Den weitaus größeren Teil der Wand bis zum Almboden herab bildet jedoch der relativ helle und massige Wettersteindolomit des Ladiniums (jüngere Mitteltrias). Der Gipfel selbst besteht aus Lantschfeldquarzit (Untertrias).

Im Bereich der Ursprungalm taucht die Kalkspitzentrias steil nach Norden unter die Quarzphyllite des Alpinen Verrucanos (Perm) ab. Diese oft buntgefärbten Gesteine sind übrigens nach dem Monte Verruca bei Pisa/Italien benannt, diesen Namen verwenden die Pisaner Steinmetze seit Jahrhunderten. Der Verrucano bildet den Felsuntergrund im nördlichen Teil des Almbodens und die Talstufe mit den Serpentinen der Mautstraße. Die topographische Stufe zwischen dem Talboden der Ursprungalm und den Felswänden der Kalkspitze ist einerseits auf die steile tektonische Stellung der Schichtgrenzen, andererseits aber auch

Abb. 90. Die Ursprungalm (1604 m) mit der Dachsteingruppe im Hintergrund.

Courage Mountain: Heidi's New Adventure

Regie: CHRISTOPHER LEITCH (USA/Frankreich, 1989).

Die Handlung des Films, die von der Romanvorlage JOHANNA SPYRIS (1827–1901) stark abweicht, spielt vor dem Hintergrund des Ersten Weltkriegs. Heidi verlässt die Alm des Großvaters und ihren Jugendfreund Peter, um in Oberitalien ein Mädcheninternat zu besuchen. Durch den Kriegseintritt Italiens (Kriegserklärung an Österreich-Ungarn am 23. Mai 1915) verschlechtert sich die politische Lage. Das Internat wird von der Armee geschlossen, Heidi und ihre Mitschülerinnen werden in ein Waisenhaus verlegt und zur Kinderarbeit gezwungen. Gemeinsam mit anderen Mädchen gelingt Heidi die Flucht. Im Laderaum einer Pferdekutsche erreichen die Kinder zunächst einen Bauernhof und wollen von dort zu Fuß über einen Alpenpass in die rettende Schweiz zurückkehren – womit wir wieder beim Thema »Grenzwanderungen« sind.

auf den Zusammenfluss zweier Teilgletscher zurückzuführen, nämlich jenem vom Preun eggsattel im Süden und jenem vom Kranzlkar im Westen. Wir wenden uns nun nach Süde und folgen dem Weg zu den Giglachseen.

② **Grenze zwischen den Bänderkalken (Mitteltrias) und dem Alpinen Verrucano (Perm**

Da der befahrbare Weg zum Preuneggsattel ziemlich genau der Grenze zwischen de Karbonatgesteinen der Mitteltrias und dem Alpinen Verrucano folgt, ist die geologisch Orientierung sehr einfach. Rechts vom Weg (Westen) liegt der nahezu hangparallel nac Osten einfallende blaugraue Bänderkalkmarmor des Anisiums, links vom Weg (Oster besteht der Hang aus permischem Quarzpyllit und entsprechendem Blockschutt (Abb. 91 Rund 200 Meter vor dem Preuneggsattel ist auch Lantschfeldquarzit (Untertrias) in gering

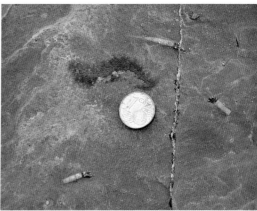

Abb. 91. Geröllquarzit des Alpinen Verrucanos (Perm) am Weg zum Preuneggsattel. Die ehemaligen Quarzgerölle dieses Gesteinsblocks sind bis 2,5 cm groß und tektonisch leicht abgeplattet.

Abb. 92. Bruchstücke von Crinoidenstielen auf einer angewitterten Schichtfläche des blaugrauen Bänderkalkmarmors (Anisium, Mitteltrias); Blockschutt westlich des Weges zum Preuneggsattel, in ungefähr 1790 Metern Seehöhe.

Mächtigkeit östlich des Weges aufgeschlossen. Er bildet hier die Trennschicht zwischen den beiden zuvor genannten Formationen.

In rund 1790 Meter Seehöhe, 1 Kilometer vor dem Sattel, können die Bänderkalkblöcke unmittelbar westlich des Weges betrachtet werden. Auf angewitterten Schichtflächen sind bis 3 Zentimeter lange und wenige Millimeter dicke, fast weiße Bruchstücke von Crinoidenstielen (Seelilien) zu erkennen (Abb. 92). Da Seelilien wie alle Stachelhäuter (Echinodermata) sehr empfindlich auf Schwankungen im Salzgehalt des Meerwassers reagieren und nicht unter brackischen oder hyperhalinen Bedingungen existieren können, belegen diese Fossilien den vollmarinen Charakter des ehemaligen Sedimentationsraumes.

③ Preuneggsattel (1952 m)

Auf dem Sattel wird der Blick auf den Oberen Giglachsee und den gegenüberliegenden Gipfel der Znachspitze (2225 m) frei. Die knapp hinter dem Sattel gelegene Giglachseehütte (1955 m) bietet dem durstigen Wanderer Gelegenheit zur Einkehr (Abb. 93).

Der Bänderkalkmarmor, auf dem die Hütte steht, erstreckt sich noch gut 200 Meter den Hang hinauf. Stellenweise enthält er dolomitische Schlieren und Knollen, sowie gebankte Lagen aus grobspatigem, mittelgrauem Dolomit. Insbesondere der Kalkmarmor neigt zur Verkarstung. Seine Anwesenheit unter der Schuttbedeckung (Moräne) am Westufer des Oberen Giglachsees ist an dem dortigen Dolinenfeld ersichtlich (Abb. 94).

Über dem Südufer des Oberen Giglachsees bzw. am Hangfuß unter der Znachspitze ist ein rund 200 Meter langer und bis 100 Meter breiter, grobblockiger Schuttkörper mit talseitig konvexer Wallform zu erkennen (Abb. 95). Es handelt sich dabei um die Ablagerung eines ehemaligen Blockgletschers, d. h. eines Schuttkörpers mit vormals gefrorenem Porenraum, der sich unter den Bedingungen des Permafrostes kriechend bewegt hat. Da sich die gegenwärtige Untergrenze des alpinen Permafrostes in über 2500 Meter Seehöhe befin-

Abb. 93. Blick vom Preuneggsattel (1952 m) zur Giglachseehütte. Dahinter beginnt der Anstieg zum Znachsattel und zu den Kalkspitzen.

Abb. 94. Abgesoffene Dolinen am Westufer des Oberen Giglachsees. Links über dem Nordufer des Sees verläuft der Wanderweg zur Ignaz-Mattis-Hütte.

det, sind ganzjähriger Bodenfrost und die damit einhergehenden Massenbewegungen (»Solifluktion« oder Bodenfließen) in den Niederen Tauern nur im Umkreis der höchsten Gipfel zu erwarten. Die Moränen und Blockgletscher in den Karen sind schon im Spätglazial abgelagert worden bzw. zum Stillstand gekommen (siehe VAN HUSEN 2000). Somit ist auch diese Blockgletscherablagerung das Ergebnis eines Prozesses, der bereits vor etwas mehr als 10 000 Jahren, gegen Ende der letzten Eiszeit abgeschlossen war.

Wir gehen nun weiter auf dem markierten Wanderweg in Richtung der Ignaz-Mattis-Hütte, östlich des Preuneggsattels zunächst über blassgrünen Lantschfeldquarzit. Rund 200 Meter weiter überschreiten wir die Grenze zu den Quarzphylliten des Alpinen Verrucanos (Perm). Dabei handelt es sich um vorwiegend helle, zumeist

Abb. 95. *Blockgletscher-Ablagerung mit Wallform über dem Südufer des Oberen Giglachsees. Der anstehende Fels besteht links aus Alpinem Verrucano (Perm) und rechts aus Lantschfeldquarzit (Untertrias).*

weiße oder blassgrüne Serizit-Quarz-Schiefer sowie um kalkhaltige Serizit-Chlorit-Phyllite. Im Gegensatz zu den Gneisen und Schiefern des Schladminger Kristallinkomplexes fehlt im Verrucano der Biotit, da die alpidische Metamorphose hier nur die Bedingungen der Unteren Grünschieferfazies erreicht hat (Temperaturen bis 400 °C und Drucke bis 5 kbar [$= 5 \cdot 10^8$ Pa]).

Weiter östlich, über dem Westufer des Unteren Giglachsees macht der markierte Steig einen Bogen nach Norden. Ab hier treten innerhalb der permischen Quarzphyllite Lagen aus Geröll führenden Quarziten und Schiefern auf. Die Gerölle bestehen vorwiegend aus Quarz, sind tektonisch geplättet und bis 5 Zentimeter groß. Da das Volumen der feinkörnigen Grundmasse deutlich größer als der Geröllanteil ist, kommen als sedimentäres Ausgangsmaterial eher schlecht sortierte, fluvial transportierte Schotter mit hohem Sand- und Schluffanteil in Frage. Bemerkenswert ist die deutliche Vormacht verwitterungsbeständiger Quarzgerölle und die relative Seltenheit anderer Geröllkomponenten, wie z. B. von Dolomit und dolomitischem Kalk. Demnach sollte im Einzugsgebiet dieser Flussschotter ein zumindest wechselfeucht tropisches oder subtropisches Klima geherrscht haben. Ein Indiz für ein semiarides wechselfeuchtes Klima sind auch die an anderen Stellen auftretenden bunten Farben der permischen Serizit-Quarz-Schiefer, die von Grün über Rosa bis Violett reichen (siehe HEJL 2005)

Etwas weiter nördlich treten feinkörnige Gneise und Amphibolite des Schladminger Kristallinkomplexes auf. Durch die retrograde Überprägung während der alpidischen Gebirgsbildung wurden ehemalige Hornblende, Biotit und Granat weitgehend chloritisiert.

④ **Ignaz-Mattis-Hütte (1986 m)**

Die Terrasse vor der Hütte bietet bei schönem Wetter einen herrlichen Rundblick auf das Wetternkar, die beiden Giglachseen und die Lungauer Kalkspitze (2471 m). Die Hütte ist eine Station am Zentralalpinen Weitwanderweg 02 (Nordalpenweg) des Österreichischen Alpenvereins. Im Zuge unserer Exkursion folgen wir diesem Weg nach Osten, hinunter zum

Abfluss des Unteren Giglachsees (1921 m) und dann wieder leicht ansteigend ins untere Vetternkar.

Der markierte Weg folgt hier dem Wall einer in Nord-Süd-Richtung verlaufenden Mittelmoräne, die zwischen zwei spätglazialen Kargletschern des Vetternkars (östlich bzw. westlich der Engelkarspitze) abgelagert wurde. Am Höhepunkt der Würmvereisung (Würm-Hochglazial vor 21 000 Jahren) floss das Eis nördlich des Hauptkammss der Schladminger Tauern zum Ennsgletscher, der wiederum nach Osten zum Gesäuse floss. Nachdem dieser Zustand ungefähr 4000 Jahre lang bestanden hatte, begannen die Gletscher abzuschmelzen und das Eistromnetz zu zerfallen. Schon vor 13 700 Jahren (Gschnitz-Stadium bzw. Älteste Dryas) war das Haupttal der Enns eisfrei; die Gletscherzungen hatten sich bereits in die südlichen Nebentäler zurückgezogen (s. VAN HUSEN 2000). Die Kargletscher oberhalb von rund 1800 Metern Seeehöhe könnten noch bis ins Daun- oder Egesenstadium bestanden haben (Ältere oder Jüngere Dryas vor 13 500 bzw. 12 000 Jahren). Die Moräne, auf der wir uns befinden, ist auf jeden Fall älter als 10 000 Jahre.

⑤ **Freying, Obere Giglerbaue**

Wir folgen dem markierten Weg bis 2020 Meter Seehöhe und gehen dann weiter nach Südwesten, in Richtung der Kuppe des Freyings (2131 m), in dessen Umkreis sich das spätmittelalterliche Bergbaugebiet der Oberen Giglerbaue befand. Vom ehemaligen Bergbau zeugen die Mundlöcher verfallener Stollen, Abraumhalden und die noch sichtbaren Grundmauern der Knappenhäuser. Die Vererzungen folgen einer flach nach Südsüdosten einfallenden, tektonischen Bewegungsfläche, deren Ausbisslinie sich über eine Gesamtlänge von gut 600 Metern, westlich, nördlich und östlich des Freyings verfolgen lässt. Die meisten ehemaligen Abbaue liegen in ungefähr 2080 Metern Seehöhe, überschreiten aber nirgends die 2100-m-Höhenlinie. Die eigentlichen Erzgänge zweigen als steile Zerrspalten seitlich von der Hauptbewegungsfläche ab. Die Gangart besteht vorwiegend aus Quarz und braunem Karbonat (Ankerit?), sowie stellenweise aus Albit und Chlorit. Reste der ehemals abgebauten Erze (vorwiegend Fahlerz und etwas Kupferkies) sind auf den stark abgesuchten Halden kaum noch zu finden. Allenfalls geben das auffallende Rosa und Grün der Kobalt- bzw. Nickelblüte (Wissenschaftliche Mineralnamen: Erythrin [$Co_3[AsO_4]_2 \cdot 8H_2O$] und Annabergit [$Ni_3[AsO_4]_2 \cdot 8H_2O$]) einen Hinweis auf angewitterte Erze der Oxidationszone.

Vom Freying gehen wir durch wegloses, nur mäßig steiles Gelände zum Südufer des Unteren Giglachsees hinunter und folgen dem dortigen Weg in westlicher Richtung.

Historischer Bergbau

Die Anfänge des Schladminger Silberbergbaus, zu dem auch das Revier der Oberen Giglerbaue zu zählen ist, gehen bis ins späte 13. Jahrhundert zurück. Der am 16. Juni 1408 erlassene Schladminger Bergbrief war ein für das Spätmittelalter richtungsweisendes Bergrecht. Er regelte nicht nur steuerliche und arbeitsrechtliche Belange, sondern enthielt auch Bestimmungen, die man nach heutigem Sprachgebrauch als Antikartellgesetz bezeichnen würde. So durften z. B. nicht mehr als drei Grubenfelder an eine Gesellschaft vergeben werden, um freien Wettbewerb zu gewährleisten. Die durch den Bergbrief begründete Rechtssicherheit erleichterte den ökonomischen Aufschwung der Stadt Schladming im Spätmittelalter, war aber auch maßgeblich für das gestiegene Selbstbewusstsein der Bergknappen und ihre daraus resultierende Allianz mit den revoltierenden Bauern während des großen Aufstands von 1525, in dessen Verlauf die Stadt vollständig niedergebrannt wurde.

Erwähnenswert ist auch der in der zweiten Hälfte des 18. Jahrhunderts betriebene Bergbau auf Kobalterze zur Herstellung von Smalte (Blaupigment), der das Gebiet der Zinkwand und

Abb. 96. Blick vom Znachsattel zu den beiden Giglachseen, zur Kampspitze und zur Dachstein-gruppe (links im Hintergrund).

der Vetternspitze betraf. Gleiches gilt für den Abbau von Nickelerzen zwischen 1832 und 1875 für die Nickelhütte JOHANN RITTER VON GERSDORFFS, die sich zuletzt in Mandling befand. Der durch die Ausbeutung der Nickellagerstätten Neukaledoniens eingetretene Preisverfall – ein frühes Beispiel für die Auswirkungen der Globalisierung – zwang den Betreiber zur Einstellung des Betriebes, womit diese letzte Phase des Schladminger Bergbaus ihr Ende fand.

⑥ Nordhang der Znachspitze, südlich der Kote 1921 m

Von der Znachspitze (2225 m) reicht eine Felsrippe aus Geröll führendem Serizitschiefer (Alpiner Verrucano) bis in den Hang über dem Südufer des Unteren Giglachsees herab. Der Bereich mit den lagenweise angereicherten, deformierten Quarzgeröllen ist hier ungefähr 10 Meter mächtig. Unmittelbar über diesem metamorphen Konglomerat ist an der Grenze zum variskischen Grundgebirge (heller Plagioklasgneis und retrograder Amphibolit) ein an Magnetit reicher Serizitschiefer mit bräunlich verwitternden Karbonat-Anreicherungen eingeschaltet. Die schwarzen Magnetitkristalle (Oktaeder) sind bis 3 Millimeter groß. Die in diesem Gebiet kartierenden Geologen haben dieses Gestein als alpidisch metamorphen Abkömmling eines permischen Verwitterungshorizontes bzw. Paläobodens interpretiert (SLAPANSKY & FRANK 1987, HEJL 2005).

⑦ Znachsattel (2059 m)

Der Felsen unmittelbar östlich des Znachsattels bestehen aus Lantschfeldquarzit (Untertri-as). Dieser weiße bis blassgrüne, dünnschichtige bis plattig brechende, stets karbonatfreie Quarzit unterscheidet sich durch seine Feinkörnigkeit und Homogenität deutlich von den zuvor angetroffenen permischen Quarzphylliten. Auf den Schichtflächen ist oft ein seidig glänzender Serizitbelag zu erkennen. Das Gestein besteht zu gut 70 Prozent aus Quarz, an-sonsten aus Serizit, Kalifeldspat und verschiedenen Akzessorien (Turmalin, Zirkon, Apatit, Epidot, Titanit), die aber nur unter dem Mikroskop zu erkennen sind.

Unmittelbar westlich des Sattels liegen Karbonatgesteine der metamorphen Mitteltrias (Bän-derkalkmarmor). Bei guter Fernsicht sind von hier aus beide Giglachseen, die Kampspitze und die Dachsteingruppe zu sehen (Abb. 96). Wir folgen dem markierten Weg zur Akarschar-te (2315 m) und bleiben im Bereich der Karbonatgesteine der Kalkspitzenmulde. Oberhalb von rund 2100 Metern Seehöhe betreten wir den deutlich helleren Wettersteindolomit.

Abb. 97. *Am Gipfel der Steirischen Kalkspitze. Der Gipfel und seine unmittelbare Umgebung bestehen nicht aus Kalkstein, sondern aus Lantschfeldquarzit (Untertrias). Rechts die Giglachseen, dahinter das Vetternkar und ganz im Hintergrund der Gipfel des Hochgollings (2862 m).*

⑧ **Akarscharte zwischen den beiden Kalkspitzen**

Wir befinden uns hier an der Grenze zwischen den Bundesländern Steiermark und Salzburg bzw. zwischen der Ennstaler Gemeinde Pichl-Preunegg und der Gemeinde Weißpriach im Lungau. Die Lungauer Kalkspitze ist über einen Schuttrücken leicht zu ersteigen. Der Aufstieg am etwas ausgesetzten Grat zur Steirischen Kalkspitze erfordert jedoch Schwindelfreiheit und Trittsicherheit (Abb. 97). Wer sich den Gefahren dieses Aufstiegs nicht aussetzen möchte, sollte nun wieder zum Znachsattel absteigen und von dort auf dem markierten Weg zurück zur Ursprungalm gehen. Gegebenenfalls kann man dort bei einer Almjause von Heidi und dem Geißenpeter träumen.

Literatur

HEJL, E. (2005). Erläuterungen zu Blatt 157 Tamsweg der Geologischen Karte der Republik Österreich 1: 50 000. – 83 S.

SCHMID, S. M., B. FÜGENSCHUH, E. KISSLING & R. SCHUSTER (2004). Tectonic map and overall architecture of the Alpine orogen. – Eclogae. Geol. Helv., 97: 93–117; Basel (Birkhäuser).

SLAPANSKY, P. & W. FRANK (1987). Structural evolution and geochronology of the northern margin of the Austroalpine in the northwestern Schladming crystalline (NE Radstädter Tauern). – S. 244–262 in: FLÜGEL, H. W. & P. FAUPL (Hrsg.). Geodynamics of the Eastern Alps; Wien (Deuticke).

VAN HUSEN, D. (2000): Geological Processes during the Quaternary. – Mitt. Österr. Geol. Ges. 92: 135–165; Wien.

Kultur- und Naturlandschaft
an der Klima- und Wasserscheide
in der Nordrahmenzone
der Hohen Tauern

JOHANN PETER GRUBER (Vegetation)
und
HANS STEYRER (Geologie)

Anreise: Über die Tauernautobahn (A10), Abfahrt Flachau in Richtung Wagrain und von dort nach links ins Kleinarltal zum Jägersee. Alternativ von Sankt Johann im Pongau kommend bis Wagrain und dort rechts ins Kleinarltal abbiegen bzw. mit öffentlichem Verkehrsmittel von Sankt Johann im Pongau (www.oebb.at).

Einkehr und Übernachtung: Gasthaus Jägersee, Tappenkarseehütte, Tappenkarseealm.

Gehzeit: 6 Stunden mit 900 Höhenmetern. Für die größere Runde sind 2 Stunden zusätzlich zu veranschlagen.

Die landschaftlich abwechslungsreiche Wanderung in der Nordrahmenzone der Hohen Tauern durch eine bunte Kultur- und Naturlandschaft zeigt eine artenreiche Pflanzenwelt und hat viel geologisch Interessantes zu bieten.

Durch die von Grünlandwirtschaft mit Viehhaltung charakterisierte Kulturlandschaft mit Heuwiesen und Weiden der Talsohle und unteren Hanglagen des Kleinarltales gelangt man zum Jägersee. Dieser ist mit nur 7 Hektar Fläche klein, aber sehr idyllisch gelegen. Sein Name bezieht sich auf das ehemalige Jagdschloss der Erzbischöfe von Salzburg und ist vom gleichnamigen Landschaftsschutzgebiet umrahmt. Von hier folgt man der Tappenkarseealmstraße (Mautstraße) zum Ausgangspunkt unserer Wanderung am Parkplatz auf der Schwabalm (1200 m). Bald nach dem beginnenden Anstieg geht es durch einen ungewöhnlichen, urigen Buchen-Tannenwald in steiler Hanglage, dem nach oben ein Lärchen-Zirbenmischwald folgt. Dieser bildet den Übergang zu den Latschen- und Grünerlenbeständen, Almweiden und alpinen Pflanzengemeinschaften des Tappenkar-Gebietes in den südwestlichen Radstädter Tauern. Auf dem Uferweg am Tappenkarsee erreichen wir sodann die Tappenkarseealm (1770 m), von der aus wir zum Draugsteintörl (2080 m) aufsteigen. Von hier folgen wir dem Wanderweg zur Tappenkarseehütte und hinunter zum See, entlang des Uferbereiches schließt sich der Rundgang im westlichen Tappenkar.

Für sehr Gehtüchtige besteht die Möglichkeit, die Kammwanderung über den Gurrenstein (2219 m) zum Karteistörl (2145 m) als Variante zu wählen, von wo sodann der Abstieg zur Tappenkarseehütte erfolgen kann.

Bedingt durch die Geologie des Alpenhauptkammes am Rande des Tauernfensters eröffnet sich eine Wanderung durch eine reich gegliederte Landschaft. Der Hauptkamm der Alpen wirkt als Wetter- und Klimascheide, wegen geologischer Besonderheiten tritt die Vegetation reich differenziert in Erscheinung. Der interessierte Wanderer überschreitet viele Grenzbereiche, sowohl aus geografischer als auch naturkundlicher Sicht, von traditioneller Kulturlandschaft in Naturräume, die mehr oder weniger abrupt wechseln oder sich diskret in vielfältiger Weise begegnen.

◁ *Abb. 98. Der Blick von unterhalb des Draugsteintörls nach Osten zeigt uns einen etwa 250 Millionen Jahre langen Ausschnitt der Erdgeschichte. Der Tappenkarsee, der in einer durch die Vergletscherung der letzten Eiszeit tief ausgeschürften Mulde liegt, ist nur wenige Tausend Jahre alt. Die Kulisse bilden links der Stierkarkopf (2366 m) und rechts das Raucheck (2138 m), mächtige Kalk- und Dolomitmassive aus der Trias, somit 200 bis 250 Millionen Jahre alt. Die Spuren menschlicher Aktivität der letzten wenigen Hundert Jahre, wie etwa der schmale Steig im Vordergrund, haben in dieser großartigen Landschaft wenig Bedeutung.*

Geologie und Geomorphologie

Die Hohen Tauern sind eine große tektonische Aufwölbung der Alpen, in der – ähnlich den Schalen einer Zwiebel – ein Blick in das Innere des Gebirges möglich ist. Der Aufbau dieses Tauernfensters und die komplizierte Entstehungsgeschichte sind im Beitrag von Ewald Hejl in einem Schnitt und mit Blockbildern dargestellt (Abb. 87, 89, S. 96, 98).

Unsere Wanderung zum Tappenkarsee führt über eine bedeutende geologische Grenze – die Grenze zwischen dem Unterostalpin und dem Penninikum. Das Unterostalpin ist eine der geologischen Einheiten des Ostalpins, die während des Mesozoikums am Nordrand von Afrika entstanden sind und die im Zuge der alpidischen Gebirgsbildung über Hunderte von Kilometern nach Norden transportiert und übereinandergestapelt wurden. Das Penninikum umfasst Gesteine aus jenem Ozean, der sich ursprünglich nördlich von Afrika erstreckt hat und bis an die Ufer des auch damals schon existierenden europäischen Festlandes reichte.

Die Vegetation im Wandel der Zeiten

Kaum jemandem wird beim Durchwandern der artenreichen Wälder des hintersten Kleinarltales bewusst, dass hier zu Ende der letzen Eiszeit vor etwa 13 000 Jahren ein von Gletschertätigkeit geprägter, fast vegetationsfreier Gebirgsraum das Bild prägte. Erst mit Auftreten der längeren Wärmephasen hat in den Alpen allmählich die Verwandlung in ausgedehnte Urwaldgebiete stattgefunden. Noch heute unterliegen unsere Wälder durch natürliche Klimaschwankungen einem steten Wandel.

Um die Vegetation eines Gebietes zu studieren und verstehen zu können, lohnt es sich, zuerst die natürliche (potenzielle) Pflanzendecke – gemeint ist die vom Menschen unberührte Landschaft – der Betrachtung zu unterziehen. Die unbeeinflusste Ur- oder Naturlandschaft spiegelte mit ihrer Vegetation die klimatischen Voraussetzungen wider, welche im Zusammenhang mit den Ausgangsgesteinen auch die Entwicklung der Böden unserer Landschaft bestimmten. Da im Alpengebiet extensive Almbewirtschaftung seit einigen Tausend Jahren ausgeübt wird, wurden die ursprünglichen Pflanzengemeinschaften schon früh und dauerhaft verändert. Landnutzung erfolgte seit vorrömischer Zeit, sodann etwas intensiver. Besonders prägend war zuletzt die mittelalterliche Landnahme. Viele der heutigen Flur- und Wirtschaftsformen unserer Kulturlandschaft haben sich seit dieser Zeit herausgebildet und zeigen uns die »aktuelle Vegetation«.

Die Pflanzendecke ist von großräumig auftretenden Klimabedingungen abhängig und wird bei uns durch zwei Gradienten geprägt. Schon der Unbedarfte erkennt den Wandel der Wälder der Natur-Großräume der subozeanischen Randalpen zu den subkontinentalen Innenalpen, wenn er sich von Salzburg auf der Tauernautobahn dem Alpenhauptkamm nähert. Die Nordabdachung der Alpen einschließlich des Vorlandes ist subozeanischem Klimaeinfluss durch atlantische Feuchtluftmassen unterworfen. Nordwest-Wetterlagen bringen hohe Jahresniederschlagswerte (bis über 1800 mm, »Salzburger Schnürlregen«), sowie häufige Wolken- und Nebelbildung bei vergleichsweise geringer Winterkälte. In tiefen Lagen des Salzburger Beckens sind ausgedehnte Buchenwälder, Eichen und Hainbuchen in günstigen Lagen vorhanden. Bereits ab Hüttau im Fritzbachtal zeigt sich der Übergang zwischen subozeanisch-subkontinentalem Klimaeinfluss (»Zwischenalpen«) in Gestalt eines natürlichen Fichten-Tannen-Mischwaldes. Das Tappenkargebiet selbst grenzt im Süden an den Lungau, ein durch kontinentale Klimazüge beeinflusstes, inneralpines Becken.

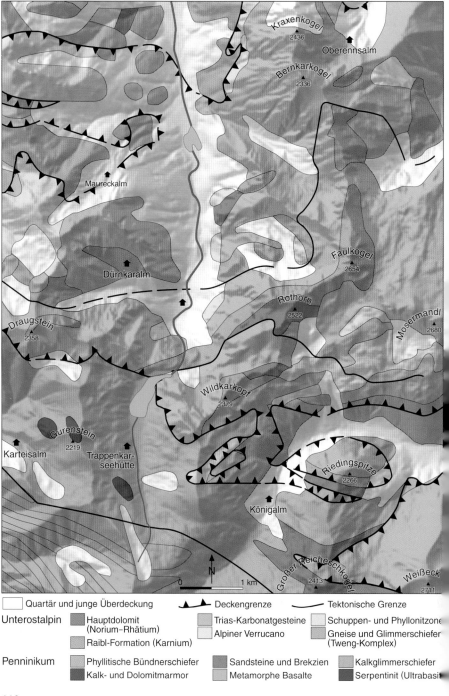

Kraxenkogel 2436
Oberennsalm
Bernkarkogel 2336
Maureckalm
Faulkogel 2654
Dürnkaralm
Rothorn 2522
Mosermandl 2680
Draugstein 2358
Wildkarkopf 2379
Gurenstein 2219
Karteisalm
Trappenkar-seehütte
Riedingspitze 2266
Königalm
N
0   1 km
Großer Reicheschkogel 2413
Weißeck 2711

☐ Quartär und junge Überdeckung   ▲▲▲ Deckengrenze   ⌒⌒ Tektonische Grenze

Unterostalpin   ▨ Hauptdolomit (Norium–Rhätium)   ▨ Trias-Karbonatgesteine   ▨ Schuppen- und Phyllonitzone
                ▨ Raibl-Formation (Karnium)   ▨ Alpiner Verrucano   ▨ Gneise und Glimmerschiefer (Tweng-Komplex)

Penninikum   ▨ Phyllitische Bündnerschiefer   ▨ Sandsteine und Brekzien   ▨ Kalkglimmerschiefer
                ▨ Kalk- und Dolomitmarmor   ▨ Metamorphe Basalte   ▨ Serpentinit (Ultrabasi)

110

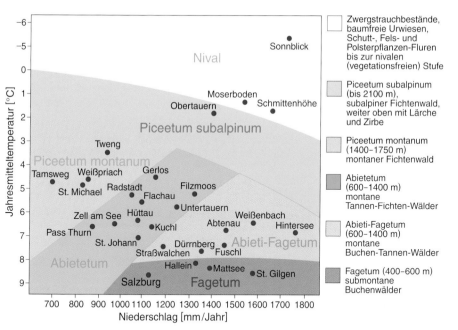

Abb. 100. *Schema der Vegetation im Bundesland Salzburg vom Alpennordrand bis zum Hauptkamm. Neben Klimagradienten (Temperatur und Niederschlag) tritt eine Zonierung in Form von Höhengradienten in Erscheinung. Diese erfolgt aber nicht abrupt, sondern in Übergängen, wobei die Wald- und Baumgrenze in Richtung Alpenhauptkamm deutlich nach oben wandert. – Nach NITTMANN et al. 1987.*

Geologisch gesehen, befinden wir uns in der Nordrahmenzone der Hohen Tauern, die durch Phyllite und Glimmerschiefer gekennzeichnet ist und in die große Dolomitschollen eingelagert sind (vgl. Abb. 99), sowie an der subatlantisch-subkontinentalen Klimagrenze zu den Innenalpen. Kennzeichnend für kontinentalen Einfluss sind länger dauernde, tiefe Wintertemperaturen (Tamsweg ist mit bis –28,3 °C ein überregionaler Kältepol) sowie trockenere, wärmere Sommer mit reichlich Sonnenschein (Mariapfarr weist österreichweit die meisten Sonnenstunden auf). Die Waldgesellschaften reduzieren sich hier auf kälte- und trockenheitstolerante Nadelwälder mit Fichte, Lärche und Zirbe, mit spärlichen Laubgehölzen wie Birke, Eberesche, Vogelkirsche und Zitterpappel.

Zum Zweiten ist eine Änderung des Regionalklimas mit steigender Seehöhe zu beobachten. Deshalb tritt die natürliche Vegetation in unseren Gebirgen als Höhenstufengliederung auf. Den Tallagen der Eichen-Buchen-Stufe folgt der Übergang zum Buchenwald, dem der

Abb. 99. *Geologische Karte des Exkursionsgebietes. Die Wanderung beginnt in der höheren geologischen Einheit des Unterostalpins und quert am Nordrand des Tappenkarsees die Deckengrenze zum Penninikum. Geologisch betrachtet überschreitet man an dieser Stelle die Grenze zwischen jenen Gesteinen, die während des Mesozoikums am Nordufer des Afrikanischen Kontinents abgelagert wurden und den Gesteinen aus dem damals nördlich anschließenden penninischen Ozean.*

111

Buchen-Tannen-Fichten-Mischwald folgt. Wird die Frühlingstemperatur für die an ozeanisch getöntes Klima angepassten Baumarten zu niedrig und/oder zu trocken, zeigt sich die Spätfrostanfälligkeit von Buche und Tanne durch das Fehlen dieser Arten. Mit steigender Seehöhe folgt der montane Fichtenwald (mit Lärche), dann der Fichten-Lärchen-Mischwald und regional (meistens über kristallinem Untergrund) eingemischt die Zirbe bis zur Wald- und Baumgrenze. Hier schließen sich die natürlichen, alpinen Strauch-, Gras-, Schutt- Felsspalten- und Polsterpflanzengesellschaften nach oben hin bis zur nivalen (vegetationsfreien) Stufe an (Abb. 100).

In Talböden und entlang von Gewässern erscheinen Auen- und Erlenwälder. Diese sind wie die Kiefernbestände ein Sonderfall, weil sie an keine bestimmte Höhenzone, sondern an spezielle kleinklimatische, edaphische (bodenabhängige) oder hydrologische Voraussetzungen gebunden sind. Erle, Esche und Ahorn folgen wasserzügigen Standorten. Die Kiefern sind auf nährstoffarmen, trockenen Böden und in Mooren konkurrenzstärker als andere Gehölze. Das ist der Grund dafür, dass sich Erica-Kiefern-Wälder *(Pinus sylvestris)* ab dem Pass Lueg dem Beobachter am Fuß des Tennen- und Hagengebirges über hageren Dolomitböden zeigen.

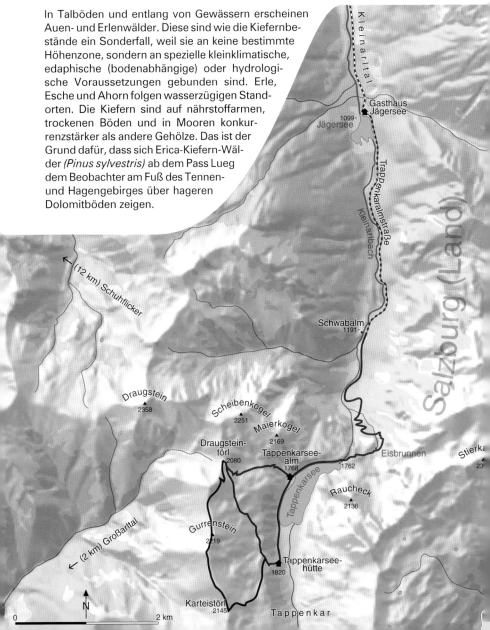

Abb. 101. Vom Aussichtspunkt unmittelbar unterhalb der Geländekante im Bereich des Eisbrünndls breitet sich das hintere Kleinarltal mit für den Alpenraum typischen Landschaftsele-
menten und dem Tennengebirge im Hintergrund aus. Im Bildvordergrund ist der Schneerosen-
Buchen-Tannen-Mischwald der Hanglage zu sehen (1), rechts davon der alte Bergwald des steilen
Geländes mit seinen urigen alten Bäumen über Felsblock-Gelände (2). Im mittleren Bildausschnitt
befinden sich forstlich genutzte Nadelwälder (3), die in den Fichten-Lärchen-Bergwald hoher und
steiler Lagen übergehen (4). Im Hintergrund erscheint die bäuerliche Kulturlandschaft, geprägt
durch Grünlandwirtschaft mit Viehhaltung (5). Oberhalb der Hofstätten erscheint lichter bäuerli-
cher Wald, der hauptsächlich durch Einzelstammentnahmen genutzt wird (6), aber auch Trassen
der Schigebiete sind sichtbar. In der Bildmitte erscheinen über einem wasserzügigen Schuttstrom
Grünerlenbestände (8) und links die Schwabalm (7), eine Niederalm, die zu den Hochalmen
des Tappenkars überleitet. Typisch ist der hier beginnende offene Lärchen-Zirben-Wald mit
Latschenunterwuchs ausgebildet. La, Latsche (Bergkiefer); Lä, Lärche; Zi, Zirbe; rechts im
Hintergrund auf Karbonatgesteinsuntergrund befindet sich der Latschengürtel (La) oberhalb
der Wald- und Baumgrenze.

Die Wälder am Weg zum Tappenkar

Die in historischer Zeit durch Rodung eingeleitete Landnahme tritt in Form der Kulturlandschaft der unteren Lagen des Kleinarltales in Erscheinung (Äcker, Dauergrünland und Weiden) und zieht sich hinauf bis über die Waldgrenze (Wirtschaftswälder und Almen). Die Forstwirtschaft ist in Österreich mit jährlich 18 bis 20 Millionen Erntefestmetern Einschlag ein sehr bedeutender Wirtschaftszweig. Die der Holznutzung unterliegenden Baumbestände unserer Kulturlandschaft begegnen uns in Form von Plenterwäldern und Forsten. Obwohl sich der Begriff »plentern« vom mittelalterlichen Wort »plündern« ableitet, handelt es sich um die schonendste Waldbewirtschaftung in Form von Einzelstammentnahmen und findet in erster Linie in bäuerlichen Betrieben zur Nutz- und Brennholzgewinnung statt, für die alpine Landwirtschaft ein willkommenes Nebeneinkommen. Gleichzeitig wird durch eine günstige Altersstruktur der Bestände eine hohe ökologische Nachhaltigkeit und Standfestigkeit gewährleistet. Der Bergwald bietet »so nebenbei« eine nicht zu unterschätzende Schutzfunktion vor Lawinen und sichert wertvolle Trinkwasserreserven. Forste sind meist gleichaltrige, selektierte Baumbestände, die gute genetische Voraussetzungen zur technischen Verwertbarkeit des Holzes mitbringen (z. B. Hochwüchsigkeit, Vollholzigkeit, Geradschaftigkeit, Kurzkronigkeit, Dünnastigkeit) und der Kahlschlagwirtschaft unterliegen. Diese weithin sichtbaren Hiebszüge mit ausgelesenen Genotypen sind deutlich anfälliger gegen Elementarereignisse, aber aufgrund wirtschaftlicher Überlegungen bei Großbetrieben die Methode der Wahl.

Schon an der Mautstraße entlang des Jägersees stehen vereinzelt mächtige Tannen *(Abies alba)* im fichtendominierten Bergwald. Erlenbestände der feuchten Standorte begleiten den Kleinarlbach und bestocken wasserzügige Schuttkegel. Schon bald nach dem beginnenden Anstieg führt der abwechslungsreiche Weg durch einen sehr artenreichen Schneerosen-Buchen-Tannenwald mit eingemischten Fichten (Abb. 101), der nach oben hin zunehmend sehr knorrige, alte Bäume und Totholz aufweist. Zuweilen eingemischt sind Bergahorn *(Acer pseudoplatanus)* und Vogelbeere *(Sorbus aucuparia)*. Auf kargem Untergrund hält sich durch Hanggleiten und Schneedruck krummstämmig geratenes, niedrigwüchsiges Buchenkrumm-

Abb. 102. Der Raublättrige Almrausch (Rhododendron hirsutum) bietet auf basischen Böden über Kalk und Dolomit während der Blütezeit einen reizvollen Aspekt (jahreszeitlich bedingtes Erscheinungsbild) der Zwergstrauchfluren vieler Almgebiete. Seine giftigen Inhaltsstoffe verhindern Verbiss durch Weidevieh und dadurch werden unsere Rhododendron-Arten selektiv gefördert.

holz (»Renkbuchen«). Offene Stellen des Waldes sind durchsetzt mit dem Raublättrigen Almrausch (Abb. 102), vielen Beerensträuchern (z. B. Felsen-Johannisbeere *Ribes petraeum*) und Hochstauden-Alpendost *(Adenostyles alliariae)* als Charakterart dieser artenreichen Kräutergesellschaft. Der Wald ist ein »Vorposten« der geschlossenen Buchenwälder in Gunstlage am Rande der subkontinentalen Klimagrenze am Alpennordrand. Der normalerweise in solchen Bereichen auftretende montane Fichtenwald fehlt hier und wird vom Buchen-Tannen-Wald ersetzt. Bei diesen Buchenvorkommen in den Winkeln der Tauerntäler (soweit nicht durch die Tätigkeit des Menschen verschwunden) handelt es sich um Relikte ehemals weiter verbreiteter und geschlossener Buchenwaldareale aus dem klimatisch günstigeren »Älteren Subatlantikum«. In dieser »Buchenzeit«, einem Abschnitt der Nacheiszeit von 800–1300 n. Chr., hatte die Buche im Alpenraum ihre weiteste Ausbreitung.

Der Wald wird mit zunehmender Höhe immer lichter, und es lohnt sich ein Blick zurück (Abb. 101) in das Kleinarltal. Im Hintergrund erkennt man das Kalkmassiv des Tennengebirges, im Schalenbau der Alpen das höchste Stockwerk (daher auch der Name Oberostalpin), das auf den Phylliten der Grauwackenzone auflagert, gut unterscheidbar durch die weichen Geländeformen (Pinzgauer und Pongauer »Grasberge«). Am Weg fallen die ausgedehnten Quellmoosfluren des Wasserfalles mit Starknervmoos im Bereich der Bachquerung auf, die eine

Abb. 103. *Ausgedehnte Quellmoosfluren treten an Wasseraustritten über wasserstauenden Phylliten auf. Quellmoose wie das Starknervmoos (Palustriella commutata) sind Laubmoose der Quellfluren, welche bei entsprechendem Kalk- und CO_2-Gehalt des Quellwassers eine biogene Ausfällung von Quelltuffen bewirken.*

geologische Ursache haben: Hier liegen sehr wasserdurchlässige Kalke und Dolomite auf wasserstauenden Phylliten auf, wodurch es genau an der Grenze zu den Wasseraustritten und in der Folge zur Bildung der Quellmoosfluren kommt (Abb. 103).

Die durch Schneedruck offenen Einhänge des Geländes tragen hüfthohe Strauchgesellschaften der Waldstein-Weide *(Salix waldsteinii)*. Dem Laub-Nadel-Mischwald schließt sich nach oben hin ein ebenfalls artenreicher Lärchen-Zirben-Wald an, der dann zunehmend offener wird und mit Latsche oder Bergkiefer *(Pinus mugo)*, Grünerlen *(Alnus alnobetula)*, niederliegendem Wacholdergebüsch *(Juniperus communis* ssp. *nana)* und zuweilen mit Erika *(Erica carnea)* durchsetzt ist.

Abb. 104. Der Kessel des Hochtales ist ein wunderschön erhaltenes Relikt der letzten Eiszeit mit einem durch die Gletscher charakteristisch ausgeschürften U-Tal, hier mit Blick auf den bereits im Lungau liegenden Alpenhauptkamm. Der Großteil des Kessels ist traditionelle Kulturlandschaft mit den landschaftsprägenden »Weidegangeln«, typisch für die traditionelle Almbewirtschaftung.

Das Almgebiet um den Tappenkarsee

Verlässt man den Bereich des offenen, latschendurchwachsenen Lärchen-Zirben-Waldes über die letzte Geländestufe oberhalb des Quellhorizontes des Eisbrünndls, so erreicht man mit Ausklingen des Waldes das Hochtal des Tappenkares mit dem Tappenkarsee (1762 m). Er ist 1,2 Kilometer lang und 350 Meter breit und mit 38 Hektar deutlich größer als der Jägersee. Wegen seiner hohen Wasserqualität wurden die hier vorkommenden Schwarzreuter (kleinwüchsige Hochlagen-Saiblinge *Salvelinus alpinus*) an die Tafel der Salzburger Erzbischöfe geliefert.

Um einen einst hier angeblich vorkommenden Lindwurm rankt sich eine Sage, zu welcher eine Schautafel beim Rastplatz am Seeufer nähere Erklärung bringt. Das Kar ist wegen seiner Schönheit und Vielfalt an Pflanzen als Landschaftsschutzgebiet ausgewiesen. Bereits die schroffen Kalk- und Dolomitwände am Nordufer zeigen entlang des Weges zahlreiche Felspflanzen, beispielsweise den Salzburger Augentrost *(Euphrasia salisburgensis)*, den Blaugrün-Steinbrech *(Saxifraga caesia)* und die Alpen-Aurikel (*Primula auricula* – Petersgstamm).

Abb. 105. *Bürstlingrasen überziehen weite Flächen als Folge lang andauernder, starker Überweidung und sind sehr artenarm. Der Bürstling oder das Borstgras (Nardus stricta) ist »Kennart« dieser stark degradierten Weideflächen und wird wegen seiner derben Blätter und seines geringen Nährwertes vom Weidevieh weitgehend gemieden.*

Der Kessel des Hochtales ist ein wunderschön erhaltenes Relikt der letzten Eiszeit, entstanden durch die Schürfwirkung der Gletscher – die auch das charakteristische, flache U-Tal in Blickrichtung zum Lungau geformt haben, vom Eis befreit und damit sichtbar erst seit etwa 10 000 Jahren.

Die Almen im Kessel und an den Flanken sind eine typische, traditionelle Kulturlandschaft (Abb. 104). Weil gealptes Vieh beim Beweiden der Hänge diese steigartig austritt, entsteht im steilen Gelände mit den zahlreichen hangparallelen »Weideganglen« ein typisches, die Almgebiete prägendes Landschaftsbild (Abb. 104). Wenn man bedenkt, dass etwa ein Fünftel der österreichischen Landesfläche aus Almgebieten besteht, stellt das klar ihre Bedeutung für die Landwirtschaft heraus. Almen dienen in erster Linie dazu, die Ressourcen der Tallagen zu entlasten, die vornehmlich der Gewinnung von Futtervorräten, mit denen das Stallvieh über den Winter gebracht wird, dienen. Meistens werden aber Jungvieh, Ochsen und »trockengestelltes« Vieh gesömmert. Der Viehauftrieb findet abhängig von der Höhenlage der Alm meistens zwischen Anfang Mai und Ende Juni statt. Traditionelle Almabtriebe erfolgen gegen Ende September. Heute wird die »Alpfahrt« meist durch subventionierte Güterwege und Viehtransporter vereinfacht und damit der wirtschaftliche Sennereibetrieb auf den Almen erleichtert. Niederalmen entstanden durch die Rodung des Bergwaldes mittlerer und oberer Lagen. Das regelmäßige »Schwenden« (Entfernen der Gehölze) drückt die Baum- und Waldgrenze deutlich herab. Durch langjährige Überweidung verursachte Degradation (Aushagerung) der Böden entstanden die für viele Almen typischen Bürstlingrasen (Abb. 105, 106). Diese ersetzen nun weitflächig die einst artenreiche natürliche Vegetation – ein ökologisches Problem, das im Wechselspiel mit Viehtritt leider auch im Bereich des Nationalparks Hohe Tauern zu beobachten ist. Um Almgebäude und Ställe entwickelt der

Abb. 106. Die gegen Verbiss resistente stängellose Eberwurz, auch Silber- oder Wetterdistel genannt, besitzt starke Blattbedornung und bevorzugt trockene und nährstoffarme Standorte. Sie ist eine der wenigen Arten, die in Bereichen der Bürstlingrasen ideale Standorte vorfinden. Ihre »artischockenartigen« Blütenböden wurden früher verspeist, daher wird sie gebietsweise als »Jägerbrot« bezeichnet. Diese Distel ist eine beliebte Futterpflanze kälteresistenter Berghummeln (Bombus).

Alpen-Ampfer (*Rumex alpinus,* Abb. 107) umfangreiche »Lägerfluren«, was auf lokale Eutrophierung (Nährstoffanreicherung) durch das Weidevieh zurückgeht. In früheren Zeiten standen die großen Blätter (»Almplotschn«, »Saupletschn«) zur Transportverpackung der Almbutter, als Nahrungsmittel (Sauerkraut) und als Beifutter für Schweine in Verwendung.

Von der Tappenkarseealm über das Draugsteintörl zur Tappenkarseehütte

Entlang des Anstieges ab der Tappenkarseealm durchschreiten wir die natürliche Baumgrenze. Die Bereiche abseits bestoßener Weidegebiete gehen mehr oder weniger stufenlos in Naturlandschaft mit verschiedenen Gebüsch- und Rasengesellschaften über. In wasserzügigen Runsen, Grabeneinhängen und Hanglagen erscheinen Grünerlenbestände mit Hochstaudenfluren. Diesen folgen nach oben hin oder in verzahnter Form über weniger nährstoffreichen Böden Zwergstrauchgürtel mit Erikagewächsen wie Rostroter Alpenrose *(Rhododendron ferrugineum)* über Phyllit, begleitet von *Vaccinium*-Arten (Heidelbeere, Preiselbeere) und Besenheide (*Calluna vulgaris*). Auf tiefgründigen, frischen Bodenpartien treten die vom Weidevieh gemiedenen giftigen Arten Weißer Germer *(Veratrum album)* und Tauern-Eisenhut *(Aconitum tauricum)* in Erscheinung. Die kalkig-dolomitischen oberen Südhänge des Maierkogels im Hintergrund zeigen quantitativ Latschenbestände und Polsterseggen-Rasen *(Carex firma)* auf Kuppen.

Entlang von Wasserläufen erscheint die auffällige Alpen-Kratzdistel *(Cirsium spinosissimum,* und sehr augenfällig ist der bis in den Sommer goldgelb blühende Moos-Steinbrech *(Saxifraga bryoides)* über lockerem und feuchtem Feinschutt. Vereinzelt sind im Weidegebiet an Wasseraustrittshorizonten oder Staulagen Quellfluren und kleine alpine Niedermoore mit Torfmoos *(Sphagnum compactum)* und an Schneeflocken erinnernde Wollgräser *(Eriophorum angustifolium, E. scheuchzeri)* sowie anderen seltenen Arten eingestreut. Nahe des Draugsteintörls sind in nördlicher Blickrichtung zum Scheibenkogel umfangreiche blühende Besenheide-Bestände im Spätsommeraspekt augenfällig. Die Rasengesellschaften treten entlang des gewählten Rundganges über leicht basischen Böden als lang- und zartblättrige Rostseggenrasen *(Carex ferruginea)* in Erscheinung, über saurer Unterlage erscheinen kürzer beblätterte und weniger dichte Horstseggenbestände *(Carex sempervirens)*, sofern sie nicht vom Bürstlingrasen verdrängt wurden.

Am Draugsteintörl angekommen eröffnet sich eine Sicht ins tiefe Großarltal und in das beeindruckende Panorama der Umrahmung des Tappenkares. Die schroffen Kalk- und Dolomitgipfel des Draugsteines, des Schuhflickers und vieler anderer Berge im Tappenkargebiet sind geologische Zeugen gewaltiger untermeerischer Eingleitungen am Rande des penninischen Ozeans zur Zeit des Juras (vor 180 Millionen Jahren).

Im Umfeld des Draugsteintörls und in Kammlage erscheinen auf phyllitischem Gestein Ansätze von Krummseggen- *(Carex curvula)* und Dreiblüten-Simse-Rasen *(Juncus trifidus)*. In Gratlage und flachgründigen Gipfelbereichen (auch schon zerstreut an exponierten bultenförmigen Buckeln im tiefer gelegenen Almgebiet) taucht mit der Gamsheide oder Alpenazalee *(Loiseleuria procumbens)* ein hochinteressanter, immergrüner Zwergstrauch auf und kann gemeinsam mit den Nacktried-Rasen *(Elymus myosuroides)* extrem klimaharte Windkantengesellschaften ausbilden. In diesen Habitaten finden schon viele rare Alpenpflanzen (beispielsweise die Alpen-Bärentraube *Arctostaphyllos alpinus* und Jacquin's Spitzkiel *Oxytropis jacquinii*) ihre Standorte. Wo in dieser Höhenlage kleine Senken auftreten, in denen bis zum Beginn des Sommers Schnee liegen bleibt, kann man Krautweide-Schneetälchenfluren *(Salix herbacea)* und die purpurn blühende

Abb. 107. Hochstaudenfluren mit dem Alpen-Ampfer und dem rotblühenden Alpendost über wasserzügigen Geländesenken und in Bereichen, in denen durch das Lagern von Weidevieh Nährstoffanreicherung stattgefunden hat.

Klebeprimel *(Primula glutinosa)* antreffen. Die Krautweide verlagert ihr Stamm- und Astsystem in den Boden, um Starkfröste zu überdauern. Diese klimaharte Pflanzengemeinschaft findet mit nur drei bis vier Monaten Vegetationszeit ihr Auskommen.

Auf rohen Böden sind bereits Ansätze der beginnenden Polsterpflanzen-Vegetation mit Polsternelken *(Silene acaulis)* anzutreffen. Weil aber im Gebiet die höheren Berge kaum über 2200 Meter reichen, bilden sich diese weniger augenfällig aus und sind für noch höhere Lagen typisch. Dazwischen finden Moose und Flechten (Isländisches Moos, Rentierflechte, Totengebeinsflechte) reich strukturierte Lebensräume. Epipetrische (felsbewohnende) Arten werden hauptsächlich von Vertretern der Algen, polsterförmiger Moose und Flechten gestellt. Der anschließende Abstieg zur Tappenkarseehütte bringt eine dem Anstieg ähnliche Vegetationsfolge, aber in umgekehrter Reihenfolge. Zuweilen sind im Umfeld des Weges Baue des Alpenmurmeltieres *(Marmota marmota)* zu sehen und man hört deren warnende Pfiffe.

Mit dem Abschluss des Rundweges im Kar entlang des Seeufers kann der Wanderer seine Glieder nach den Empfehlungen von Pfarrer SEBASTIAN KNEIPP im kühlen Wasser des Tappenkarsees vor dem noch zu bewältigenden Abstieg zum Ausgangspunkt der Wanderung regenerieren.

Erklärung einiger Fachbegriffe

atlantisches Klima: ein ozeanisches oder Seeklima mit kühl-feuchten Sommern und eher milden Wintern, bedingt durch ozeanisch beeinflusste Luftmassen. Weil die Nordalpen von nordwestlichen Luftströmungen vom Atlantik betroffen sind, ist die Bezeichnung atlantisches Klima in Gebrauch.

Degradation: bodenkundliche Bezeichnung für Verschlechterung des Bodens durch lang andauernde Übernutzung.

edaphisch: den Boden betreffend, bodenbedingt.

Hochstauden: bis über einen Meter Höhe erreichende, nicht verholzende, krautige Pflanzen. Der Begriff verleitet oft zu Fehlinterpretation, da sich der umgangssprachliche Begriff »Stauden« auf verholzte Sträucher bezieht.

kontinentales Klima: auch Landklima genannt, ein Klima, für das große jahreszeitliche Temperaturschwankungen kennzeichnend sind.

Lägerflur: Flurstellen, die das Weidevieh bevorzugt für längere Aufenthalte und als Ruheplätze nutzt (»lagert«) und mit Nährstoffen anreichert.

Nachhaltigkeit: Die Nutzung eines Systems in der Form, dass dessen Produktivität auf Dauer erhalten bleibt. Unterschieden wird zwischen ökologischer und wirtschaftlicher Nachhaltigkeit.

Naturlandschaft: Die vom Menschen noch nicht durch Landnahme veränderte Urlandschaft, greift der Mensch ein, spricht man von **Kulturlandschaft**.

Literatur

Alpenkonvention: www.cipra.org/de/alpenkonvention (Stand 2012).

FRITZ, A. 1977. Pollenstratigraphische Gliederung des mitteleuropäischen Spät- und Postglazials. – Carinthia II 167./87. Jg.: 179–187

HEISELMAYR, P. 1977. Prinzipien der Vegetationsgliederung im Tappenkar (Radstädter Tauern). – Mitteilungen der Gesellschaft für Salzburger Landeskunde 117: 411–432.

– 1979. Die Wälder im hinteren Kleinarltal. Zeugen einer wärmeren Klimaepoche. – Mitteilungen der Gesellschaft für Salzburger Landeskunde 119: 305–324.

– 1982. Die Pflanzengesellschaften des Tappenkars. (Radstädter Tauern). – Stapfia 10: 161–202.

– 1985. Zur Vegetation stark beweideter Gebiete in den Radstädter Tauern (Hinterstes Kleinarltal, Salzburg). – Verh. Zool.-Bot. Ges. Österreich 123: 247–262.

INAUEN, N., C. KÖRNER & E. HILTBRUNNER. 2012. No growth stimulation by CO_2 enrichment in alpine glacier forefield plants. – Global Change Biol. 18: 985–999

KÖRNER, C. 2012: Alpine Treelines – Functional Ecology of the Global High Elevation Tree Limits. – 220 S.; Basel (Springer).

REISIGL, H. & R. KELLER. 1987. Alpenpflanzen im Lebensraum. Alpine Rasen- und Schuttgesellschaften. Vegetationsökologische Informationen für Studien, Exkursionen und Wanderungen – 149 S.; Stuttgart, New York (Gustav Fischer).

STEYRER, H., E. HEJL, H. IBETSBERGER & L. SCHROTT (Hrsg.). 2011. Hohe Tauern. – Natur- und Kulturerlebnisführer der Universität Salzburg, 2: 160 S.; München (Pfeil).

WITTMAN, H., A. SIEBENBRUNNER, P. PILSL & P. HEISELMAYER. 1987. Verbreitungsatlas der Salzburger Gefäßpflanzen. – Sauteria 2: 403 S.

ZAMG (Zentralanstalt für Meteorologie und Geodynamik): www.zamg.ac.at/fix/klima/oe71-00 klima2000/klimadaten_oesterreich_1971_frame1.htm (Stand 2012).

Grenzwanderung
über das Hochtor

CLEMENS M. HUTTER

Anfahrt. Taxenbach–Rauris–Seidlwinkltal bis Parkplatz Seidlau (1100 m) und 2,5 Stunden An-stieg über 400 Höhenmeter und 8 Kilometer zum Rauriser Tauernhaus (1526 m) oder mit dem Taxidienst von Rauris zum Tauernhaus (+43 664 75068708).

Konditionell anspruchsvolle zweitägige Grenzwanderung Salzburg-Kärnten auf einem uralten Handels- und Pilgerweg vom Rauriser Tauernhaus über das Hochtor (2576 m) nach Heiligenblut (1288 m), Netto-Gehzeit für 12 Kilometer und 1050 Höhenmeter Anstieg rund 6 Stunden.

Rückweg 1 über Schareck (2606 m) und Hochtor zum Rauriser Tauernhaus über 1500 Höhen-meter und 21 Kilometer in 7 bis 8 Stunden, durch Benützung der Gondelbahn Heiligenblut-Schareck Verkürzung auf 150 Höhenmeter Anstieg und 4,5 Stunden.

Rückweg 2 durch die Große Fleiß, Weißenbachscharte (2645 m) und Hochtor zum Rauriser Tauernhaus über 1550 Höhenmeter und 25 Kilometer in 9 bis 11 Stunden.

Auf dem Rückweg vom Großglockner wanderte der Wiener Arzt und Naturforscher AUGUST SCHULTES 1804 durch das Seidlwinkltal und beschrieb das Rauriser Tauernhaus (Abb. 109) als »einsames Asyl für Pilgrime in einem der ödesten Winkel der Salzburger Berge«. 40 Jahre später präzisierte der Topograph FRANZ KARL WEIDMANN, das Tauernhaus sei auf dem »ziemlich starken Wege« von Rauris nach Heiligenblut »der einzige Rastpunkt« für Säumer, Wanderer und Pilger auf einem uralten Handelsweg zwischen Salzburg und Kärn-ten. Heute gilt dieser vermeintlich »ödesten Winkel« als besonders lohnender Zugang zum Nationalpark Hohe Tauern.

Vom Rauriser Tauernhaus steigt der Weg moderat an bis zu den Labböden. »Lab« verweist auf »Labsteine«, von denen Wild Mineralstoffe leckt. Aus diesem Talschluss dreht der Weg südwärts, überwindet im Zickzack eine 100 Meter hohe Steilstufe und führt schließlich

Abb. 109. *Das Rauriser Tauernhaus wurde Ende des 15. Jahrhunderts im Seidlwinkltal für Säu mer und Pilger als Stützpunkt auf dem Weg über den »Bluter Tauern« (Hochtor) angelegt.*

◁ ***Abb. 108.*** *Alte Landkarten bezeichnen das Hochtor (2576 m) an der Grenze zwischen Kärnten und Salzburg noch als (Heiligen-) »Bluter Tauern«. Der Begriff »Tauern« für »Pass« stammt aus dem Keltischen und benennt bis heute fünf Übergänge über den Alpenhauptkamm. Im 19. Jahrhunder bürgerte er sich für die »Hohen Tauern« statt »Norische Alpen« ein.*

Unteres
Nassfeld
Oberes
Fuscher
Törl

Unteres
Nassfeld

Rauriser
Tauernhaus
1526

Seidlwinklache

Seidlwinkltal

Brennkogel
3018

Elend-
boden

Unterer
Oberer
Labboden

Fuscher
Wegscheide

Salzburg (Land)

Weißenbach-
scharte
2645

Hochtor
2504
Tauernkreuz
2376

Rossscharten-
kopf
2665

Kärnten

Mauskar-
scharte
2505

Wallackhaus
2304

Schareck
2606

Weißenbach

(3,5 km) Hocharn →

Tauernbach

Großfleißbach

Große Fleiß

Seppenalm

Kasereck
1910

Tauernberg

Heiligenblut

Kleinfleißbach

Fleiß

N

2 km

parallel zur Glocknerstraße durch die »Fuscher Wegscheid« zum Nordportal des Hochtortunnels (2504 m).

Tauernhäuser und Tauernhandel

Tauernhäuser entstanden bereits im 14. Jahrhundert in den Talschlüssen, von denen aus »Pilgrime« und Säumer in einem Tag Siedlungen in den südlichen Tauerntälern erreichen konnten. Die Erzbischöfe sahen das als Christenpflicht an und statteten die »Tauernwirte« mit Provisionen an Getreide und Heu sowie mit steuerfreiem Schankrecht aus. Dafür mussten sie mittellose Wanderer gratis verpflegen, Ortsunkundige auf den Tauern geleiten und »Weegweiß-Stangen« setzen. Die Bedeutung des Rauriser Tauernhauses ist daran abzuschätzen, dass Saumrosse zu Beginn der Neuzeit jährlich an die 900 Tonnen Güter über das Hochtor schleppten – vorwiegend Salz nach Süden und Wein nach Norden. Den regen Handelsverkehr über das Hochtor bezeugt ein Dokument von 1662: Neben dem Tauernhaus stehe ein »Sämerstall, in welchem bey 40 Sämbroß underkomen können«. Immerhin war die Hochtorroute nach dem Brennerpass und dem Katschberg der drittwichtigste Handelsweg über die Ostalpen.

Über dem Portal steht in Stein gemeißelt: »In te domine speravi« [Auf Dich o Herr habe ich vertraut]. Beim Anstich des Tunnels war nämlich 1933 eine 20-Gulden-Silbermünze [entspräche heute rund 500 Euro an Kaufkraft] aus der Zeit der Kaiserin MARIA THERESIA gefunden worden. FRANZ WALLACK, der Erbauer der Glocknerstraße, fand es passend, mit diesem Wort für die glückliche Vollendung der Glocknerstraße zu danken. Wanderer verschmähen natürlich den Abschneider durch den Tunnel, denn zum Tauernkreuz auf dem Hochtor, dem ehemals so genannten »Bluter Tauern«, fehlen nur noch 72 Höhenmeter. Hochtor – das ist die »Lücke« im Alpenhauptkamm und zugleich die Grenze zwischen Salzburg und Kärnten. Das Tauernkreuz – zwar mehrfach erneuert – steht dort seit mindestens 400 Jahren. Pilger und Säumer pflegten Gott für den geglückten Anstieg zu danken und um Schutz auch für den Abstieg zu bitten. Im Herbst bekleideten sie den Gekreuzigten, damit er im Winter nicht friere, heute ersetzt eine Glasscheibe diesen frommen Brauch.

Das Heiligtum des HERKULES

Vor zwei Jahrtausenden stand auf dem Hochtor wie auch auf anderen Alpenpässen ein kleines Heiligtum des antiken Halbgottes HERKULES, des Herrschers über das öde, gefährliche und abweisende Hochgebirge, der jedoch auch als Beschützer jener verehrt wurde, die sich in diese Einöde hinaufwagten. Den Beweis für dieses Heiligtum pickelten Arbeiter beim Anstich des Tunnels von Süden her aus dem harten Boden: eine HERKULES-Statuette und die Scherben einer kleinen Tonlampe. Archäologen entdeckten auf dem Hochtor die Überreste einiger Götter-Statuetten und rund 200 keltische und römische Münzen – Opfergaben für den Beschützer HERKULES. Ein kleines, aber sehenswertes Museum neben dem Südportal dokumentiert die Geschichte dieses Alpenpasses.

Der Abstieg nach Heiligenblut berührt nun Stationen, die Aufmerksamkeit verdienen. In der weiten Mulde unterhalb des Hochtors standen während des Baus der Glocknerstraße von 1931 bis 1936 mehrere Arbeiter-Baracken. Im Dezember 1935 rückte hier die österreichische Nationalmannschaft zum dreiwöchigen Training für die olympischen Winterspiele 1936 in Garmisch ein. Heute unvorstellbar: Spartanische, aber gut heizbare Unterkünfte sogar mit Brause, aber Präparierung des Slalomhanges mit den eigenen Skiern. Was »Amateure« damals bedeutete, erläutert ein Vergleich: Am Tag nach der Eröffnung der Glocknerstraße im August 1935 versammelte sich die europäische Rennelite in Fusch zum »Ersten Internationalen Glockner-Rennen« bis zum Fuscher Törl – um den Siegespreis von umgerechnet 6900 Euro (Geldwert 2012).

Hofrat Dipl.-Ing. FRANZ FRIEDRICH WALLACK
(∗24. August 1887 in Wien – † 31. Oktober 1966 in St. Johann im Pongau)
Hoch- und Tiefbauingenieur und Erbauer der
Großglockner-Hochalpenstraße sowie der Gerlos-Alpenstraße.

Als das Projekt »Großglockner-Hochalpenstraße« in die Tat umgesetzt werden sollte, wurde man auf Dipl.-Ing. WALLACK aufmerksam. Er wurde am 25. Juni 1924 in Zell am See noch vor der ersten Trassenbegehung dem Ausschuss zur Erbauung einer Großglockner-Hochalpenstraße als leitender Techniker vorgestellt und am 28. Juni mit dem Projekt betraut.

Im Sommer 1925 unternahm WALLACK auf eigene Kosten eine Reise über alle wichtigen Passstraßen Europas. In fünf Wochen besuchte er 43 Passstraßen und untersuchte deren Straßenbeläge, Lawinenverbauungen und anderes, um Informationen für den Bau der Großglockner-Hochalpenstraße zu sammeln.

Abb. 110. Dipl.-Ing. FRANZ WALLACK, mit seinem Indian Scout, Baujahr 1928, in der Kurve vor der Pasterze.

Es folgten weitere 10 Jahre der Planung und der Finanzierung. Innerhalb von fünf Jahren wurde die Straße fertiggestellt, wobei die reine Bauzeit 26 Monate betrug, da ja nur in den Sommermonaten gearbeitet werden konnte.

WALLACKS technische Leistung zählt längst zu den bedeutendsten Straßenbauten des 20. Jahrhunderts. Am 3. Juli 1935 erfolgte die Eröffnung dieser spektakulären Nord-Süd-Verbindung über den Alpenhauptkamm.

Abb. 111. Bau der Straße.

Abb. 112. Eröffnung der Straße am 3. Juli 1935.

Bis zur Fertigstellung seines Lebenswerkes überquerte WALLACK über 260 Mal zu Fuß den Alpenhauptkamm und legte dabei geschätzte 15 000 Kilometer zurück. Noch mit 73 Jahren leitete WALLACK den Neubau der Gerlos-Alpenstraße. FRANZ WALLACK war bis zu seinem Tode auch der erste Vorstand der Großglockner-Hochalpenstraßen-AG.

Beim Abstieg bis zum Wallackhaus verkürzen Abschneider die Kehren der Glocknerstraße. Etwa auf halber Strecke heißt eine Stelle am Tauernbach »Samerbrunn«. Hier bestand für die Säumer und ihre Pferde die letzte Möglichkeit zur Tränke. Und der Flurname »Mesenaten« auf den Orientierungstafeln an der Glocknerstraße verweist fast eineinhalb Jahrtausende in die Geschichte zurück: In »Mesenaten« steckt die slawische Wortwurzel »mizinat« für »moorig« und bezeichnet das Gleiche wie das »Nassfeld« unterhalb des Fuscher Törls. Slawen waren nämlich im 6. Jahrhundert von Süden kommend langsam bis zum Alpenhauptkamm einge- wandert, ein Jahrhundert später folgten Bajuwaren von Norden. So markierte das Hochtor die Grenze zwischen zwei Völkern, bis die Bajuwaren auch Kärnten besiedelten. Doch die uralte Sprachgrenze blieb in vielen Orts- und Flurnamen bis heute erhalten.

Vom Wallackhaus südwärts schneidet der Weg zwei Kehren ab, quert die Straße und folgt nun einer Spur, die FRIEDRICH WALLACK schon 1924 beim Trassieren der Glocknerstraße aufgefallen war: Reste eines gleichmäßig ansteigenden breiten Weges bis zum Kasereck (1910 m), den WALLACK römischen Straßenbauern zuschrieb – daher auch mehrere Hin- weistafeln »Römerweg« entlang der Glocknerstraße. Die archäologische Forschung befand später, dass hier statt einer »Römerstraße« ein römischer Saumweg bestand, den die Römer nur im Sommer als kürzeste Verbindung zwischen den Verwaltungszentren Aguntum (Ge- meinde Dölsach bei Lienz) und Iuvavum (Salzburg) schätzten. Dieser Weg wurde zur Blütezeit des »Tauerngoldes« an der Wende vom Mittelalter zur Neuzeit ausgebaut (Abb. 113).

Auf dem Kasereck rückt erstmals der Großglockner beherrschend ins Bild – Anlass genug, sich des bretonischen Chirurgen, Geologen und Botanikers BELSAZAR HACQUET DE LA MOTTE zu erinnern, der lange Zeit als Gynäkologe in Laibach wirkte. Dieser Mann durch- streifte jahrelang die Ostalpen und beschrieb sie ausführlich als erster. 1779 überschritt er das Hochtor, machte einen Abstecher zur Pasterze, »schätze« den Großglockner auf 3900 Meter, lag damit nur um 102 Meter zu hoch und bewog den Kärntner Fürstbischof FRANZ XAVER GRAF SALM-REIFFERSCHEID, eine Expedition zur Erstbesteigung des Großglockners auszurüsten, die dann 1800 im zweiten Anlauf glückte.

HACQUET schrieb 1797 den heute noch lesenswerten »Unterricht in Bergreisen«. Darin heißt es unter anderem: »Wilddiebe sind die besten Geleiter, denn sie wissen sich aus der größter

Abb. 113. *Dieses Fresko (um 1780) am Gemeindehaus von Pettnau bei Telfs in Tirol zählt zu den ganz seltenen zeitgenössischen Abbildungen eines Saumzugs. Die Saumrosse trugen – auch über das Hochtor – drei »Rosssaum« von zusammen rund 160 Kilogramm Masse. Aufschlussreich ist der Hammer in der Hand des rechten Säumers. Mit der flachen Seite konnten lockere Hufnägel festgeschlagen oder neue Nägel eingeschlagen werden, mit der spitzen Seite wurden Steine oder Lehm aus den Hufen gekratzt, damit das Pferd stets sicheren Tritt fassen konnte. (Besonderer Dank gilt Herrn JOHANN KLEINHANS, Bürgermeister von Pettnau, für die Anfertigung der Fotos)*

Das Tauerngold

Dank dem legendären Tauerngold galt der Salzburger Erzbischof als einer der vier reichsten deutschen Fürsten. Immerhin kam der Ertrag aus dem »goldenen Dreieck« zwischen Brennkogel, Großkirchheim und Böckstein im Rekordjahr 1557 auf fast eine Tonne, etwa acht Prozent der damals bekannten Weltgoldproduktion – noch ohne Sibirien, Südafrika, Australien und Lateinamerika. Vom längst versiegten Goldbergbau blieben aber der Name »Goldberggruppe«, die kaum noch erkennbaren Stolleneingänge bei der »Fuscher Wegscheid« und das Goldwaschen im Fleißtal bei Heiligenblut.

Abb. 114. *Goldabbau im Winter. Auf diesem Bild (um 1720) von der Goldgewinnung in der südlichen Goldberggruppe verdienen zwei Details Aufmerksamkeit. Rechts oben zwei »Sackzüge«, bestehend aus zusammengehängten Ledersäcken mit rund 60 Kilogramm Hauwerk und auf dem ersten Sack der Steuermann. Links zielt ein Jäger gerade auf zwei Gämsen.*

Gefahr herauszuhelfen. Sie sind unermüdet, abgehärtet, können große Lasten tragen, wissen alle Schlupfwinkel ihres Gebirges und man ist sicher, bei ihnen nicht zu verhungern.« Auch müsse man im Gebirge eine doppelläufige Pistole mitführen zur Abwehr »großer Geyer, die auf einen Jagd machen und mit ihren mächtigen Flügeln zu Boden oder in die Abgrüfte schlagen«. Oder: »Ein Bergreisender muss nie beweibt seyn. Denn lange und öftere Abwesenheit vom schönen Geschlechte macht, dass dasselbe Gesinnungen annimmt, welche die häusliche Glückseligkeit mindestens nicht befördern.«

Der heilige BRICCIUS

Im Sakramentshäuschen der gotischen Wallfahrtskirche (St. Vinzenz) von Heiligenblut zeigt eine Monstranz ein Fläschchen mit Blut und drei Ähren. Das erinnert an das tragische Schicksal des Heiligen BRICCIUS, der in der Krypta seine letzte Ruhestätte fand. Nach einer Legende aus dem 10. Jahrhundert quittierte der dänische Feldherr BRICCIUS seinen Dienst beim oströmischen Kaiser und bekam für seine Erfolge einen Wunsch frei. BRICCIUS begehrte und bekam einen Tropfen Blut aus jener Wunde, die ein Frevler einem geschnitzten Kruzifix geschlagen hatte. Um diesen Schatz vor Räubern zu schützen, nähte sich BRICCIUS »ein Gläslein mit dem Heiligen Bluet« und einen Zettel mit der Vorgeschichte in eine Wade ein. Auf dem Weg über das Hochtor kam er unter einer Lawine ums Leben. Aus dieser Schneemasse wuchsen aber plötzlich drei Ähren. Durch dieses Wunder entdeckten Bauern den Leichnam sowie das »Gläslein« und errichteten dem Heiligen BRICCIUS eine Kapelle »zum heiligen Bluet«, die sich sehr schnell zu einem Wallfahrtsort entwickelte.

Abb. 115. *Diese Tafel um 1700 stellt Heiligenblut dar, der Text rechts unten erzählt in der Ausdrucksweise und Rechtschreibung jener Zeit die Legende des heiligen BRICCIUS, der auf dem Rückweg von Konstantinopel nach Dänemark bei Heiligenblut unter einer Lawine sein Leben verlor.*

Vom Kasereck weist der gut beschilderte und markierte Weg den weiteren Abstieg nach Heiligenblut. Wer sich nicht am 28. Juni der großen Wallfahrt von Rauris oder Ferleiten nach Heiligenblut anschließt, verzichtet auf den Vorteil der Rückkehr in Bussen zum Ausgangspunkt. Dafür bietet sich der Vorteil, nach geruhsamer Nächtigung in Heiligenblut zum Rückweg zwischen zwei lohnenden Varianten wählen zu können.

Die erste Variante führt nordwestwärts zurück auf das Kasereck, quert dort die Glocknerstraße, folgt dem auffallenden (abgeschrankten) Fahrweg nordostwärts durch den Tauernbach zur Seppen-Alm und weiter nordwärts direkt zum Schareck (2606 m; Abb. 116). Diese 130

Höhenmeter und damit rund drei Gehstunden spart man durch der Auffahrt mit der Gondelbahn.

Vom Schareck führt der Geo-Wanderweg in etwa 1,5 Stunden fast eben hinüber zum Hochtor: Nordwärts auf dem Kamm durch die Mauskarscharte (2505 m), dann quer durch die Flanke des Rossschartenkopfs (2665 m) und schließlich auf dem Alpenkamm zum Hochtor, begleitet von Informationen über die Geologie der Glocknergruppe, und hinunter zum Rauriser Tauernhaus. Der Höhenweg vom Schareck zum Alpenhauptkamm eröffnet einen großartigen Blick in die »Große Fleiß«, die direkt auf die Westabstürze des Hocharns (3254 m) zuläuft (Abb. 117).

Abb. 116. Abstieg vom Schareck. Die Wanderung von der Bergstation auf dem Schareck hinüber zum Alpenhauptkamm folgt anfangs dem aussichtsreichen Kamm.

Die konditionell anspruchsvollere Variante zwei folgt ab Heiligenblut den Markierungen 02 B bzw. »Arnoweg« ostwärts bis zur Brücke über den Großfleißbach, biegt jenseits der Brücke nordwärts (Markierung Nr. 162) in die Große Fleiß ein, zweigt nach 3 Kilometern westwärts über den Bach ab und folgt der Markierung Nr. 161 in die Weißenbachscharte (2645 m). Den Lohn für diesen Anstieg

Abb. 117. Blick vom Höhenweg (Schareck–Alpenhauptkamm) ins Großfleißtal. Rechts im Bild die teilweise durch Lifte erschlossene Gjaidtroghöhe (2988 m) und links die Steilflanken des Krumlkeeskopfs (3101 m) und der Noe-Spitze (3005 m).

Abb. 118. Der Alpenhauptkamm bildet die Wasserscheide zwischen Salzach/Inn und Möll/Drau. Auf diesem Abschnitt folgt unser Grenzweg bis zum Hochtortunnel dem Klagenfurter Jubiläumsweg (Nr. 02).

beschert der Klagenfurter Jubiläumsweg (Nr. 02) westwärts auf dem Alpenhauptkamm (Abb. 118) in gut einer halben Stunde zum Hochtor und dann weiter zurück zum Rauriser Tauernhaus.

Auf den Wegen über das Hochtor begegnet man zumal in einsameren Gegenden auch Steinböcken. In den Tauern wie in den meisten hochalpinen Regionen waren sie schon im 18. Jahrhundert ausgerottet, weil sie die »Volksmedizin« für wandelnde Apotheken mit 13 heilkräftigen Körperteilen hielt. Vermutlich hätte der Steinbock nur als Tierkreiszeichen überlebt, wäre er nicht im 19. Jahrhundert im Gebiet des Gran Paradiso unter strengsten Schutz gestellt worden. Daher gelang es Mitte des 20. Jahrhunderts, Steinböcke wieder in den Hohen Tauern anzusiedeln.

Die Heiligenbluter Wallfahrt

Seit dem 16. Jahrhundert pilgern alljährlich am 28. Juni, dem Vorabend des Festes PETER und PAUL, Hunderte Menschen von Rauris und Ferleiten über das Hochtor nach Heiligenblut. Sie erfüllen ein Gelöbnis, von dem die Taxenbacher Pfarrchronik 1729 berichtet: »Vor unvordenklichen Jahren, als die Wölf von dem Thauerngebirg großen Schaden gethan, man einen beschwerlichen Kreuzgang gelobt«, damit Gott die Haustiere vor Wölfen und Luchsen schütze. 1683 erfroren neun Pilger in einem Schneesturm, der die Wallfahrer an jener Stelle an der Brennkogel-Ostflanke überrascht hatte, die heute »Elendboden« heißt. Und als sich im März 1796 3287 österreichische Soldaten vor NAPOLEON aus Oberitalien über Bozen in das Ennstal zurückzogen, erfroren 56 Mann auf dem tief verschneiten Weg über das Hochtor.

Auf historischen Wegen –
Von Krimml
nach Kasern im Ahrntal

HARALD WAITZBAUER

Der Weg von den Krimmler Wasserfällen über den Krimmler Tauern ins Südtiroler Ahrntal ist eine jahrhundertealte Handelsroute, die einst das Erzstift Salzburg mit dem Gebiet des südlichen Tirols verband. Heute ist das Ländereck zwischen Salzburg und Südtirol ein beliebtes Tourengebiet im hochalpinen Gelände.

Lage: Das Exkursionsgebiet liegt im Oberpinzgau, Gemeinde Krimml, und in Südtirol, Gemeinde Ahrntal.

Anreise: Mit Kfz von Salzburg/Zell am See über die B 168 und (ab Mittersill) B 165, aus dem Zillertal über die Gerlos-Alpenstraße (B 165), mautpflichtig. – Mit der Pinzgauer Lokalbahn und Postbus: Von Zell am See nach Krimml, 53 km, rund 1,5 Stunden.

Wegverlauf: Über den Wasserfallweg ins Krimmler-Achen-Tal auf dem Fahrweg bis zum Krimmler Tauernhaus, Gehzeit 3 bis 3,5 Stundern, Höhenunterschied rund 550 Meter. Vom Tauernhaus durch das Windbachtal auf die Tauernhöhe, von dort Abstieg ins Ahrntal; Gehzeit: 8 bis 9 Stunden, Höhenunterschied je 1000 m für Auf- und Abstieg.

Anforderung: Wenig schwierige Wanderung sowohl im Talboden als auch im hochalpinen Gelände, Voraussetzung sind Kondition und Ausdauer.

Karten: Alpenvereinskarte Nr. 35/3, Zillertaler Alpen/Ost, 1:25000; Kompass-Wanderkarte Nr. 37, Zillertaler Alpen – Tuxer Alpen, 1:50000.

Weitere Informationen: Krimmler Wasserfälle: www.wasserfaelle-krimml.at; Krimmler Tauernhaus: www.krimmler-tauernhaus.at; OeAV, Sektion Warnsdorf/Krimml: www.alpenverein.at/warnsdorf-krimml; Nationalpark Hohe Tauern: www.hohetauern.at; Alpine Peace Crossing: www.alpinepeacecrossing.org.

Übernachtungsmöglichkeiten: Im Krimmler-Achen-Tal: Hölzlahneralm, Krimmler Tauernhaus. – Im Ahrntal/Kasern: Berghotel, Berggasthof Stern, Haus Steger.

Jausenstationen: Im Krimmler-Achen-Tal: Veitnalm, Söllnalm. – Im Ahrntal/Kasern: Trinksteinalm.

Seit Beginn des 20. Jahrhunderts zählen die Krimmler Wasserfälle zu den meistbesuchten Ausflugszielen Österreichs, die alte Säumerroute durch das Krimmler-Achen-Tal und über den Krimmler Tauern dagegen geriet zunehmend in Vergessenheit. Auch die Tatsache, dass im Sommer 1947 mehrere Tausend jüdische Flüchtlinge aus Osteuropa den Tauernpass überquerten, um von Italien nach Palästina zu gelangen, war viele Jahrzehnte lang nur Insidern bekannt (Abb. 120). Erst mit der im Jahr 2007 gegründeten Flüchtlingsinitiative »Alpine Peace Crossing« erhielt dieses historische Ereignis wieder erhöhte Aufmerksamkeit. Heute ist die Wanderung von Krimml im Bundesland Salzburg nach Kasern in der Autonomen Provinz Bozen/Südtirol eine beliebte Wanderroute, verbunden mit einem außerordentlichen Natur- und Landschaftserlebnis.

Krimmler Wasserfälle

Die Krimmler Wasserfälle markieren den Beginn der Wanderung. Das stark besuchte Ausflugsziel wird durch den vom OeAV (Sektion Warnsdorf/Krimml) betreuten Wasserfallweg erschlossen. Auf dem 4,15 Kilometer langen Weg überwindet der Wanderer in rund 1,5 Stunden 430 Höhenmeter und kann sich unter anderem an sieben Aussichtskanzeln dem Naturschauspiel der stürzenden Wassermassen akustisch, sensuell und visuell annähern. Der Besuch der 1967 mit dem »Europäischen Diplom für Naturschutz« ausgezeichneten Krimmler

◁ *Abb. 119.* Bei der Außerunlaßalm zweigt der Weg ins Windbachtal ab.

Wasserfälle ist populär. Die Besucherzahl erreichte 1992 mit fast 700 000 ihren Höhepunkt und hat sich inzwischen auf etwa 350 000 pro Jahr eingependelt. Wer die Talstufe ins Krimmler-Achen-Tal lieber in stiller Umgebung überwinden möchte, sei der historische Saumweg empfohlen. Der im Jahr 1551 errichtete Weg führt (leider ohne spektakuläre Ausblicke auf die Fallstufen) auf der rechten Seite des Wasserfalls bergan.

Was heutzutage dem puren Freizeitvergnügen dient, bedeutete in früheren Zeiten ein Unterwegssein aus beruflichen Gründen, sei es als Wanderhändler, zur Almbewirtschaftung oder als Betreiber des Krimmler Tauernhauses, der einzigen Dauersiedlung des Krimmler-Achen-Tales. Doch im Gegensatz zu all diesen bergerfahrenen Menschen hatten die jüdischen Flüchtlinge des Jahres 1947 Berge dieser Höhe noch nie aus der Nähe gesehen, geschweige denn begangen. Für das Gros der Flüchtlinge war der Marsch durch die unbekannte Bergwelt mit Angst, Hunger und Erschöpfung verbunden.

Abb. 120. Sommer 1947: Eine Gruppe jüdischer Flüchtlinge im Krimmler-Achen-Tal, in der Bildmitte Fluchthelfer VIKTOR KNOPF (mit Zigarette).

bb. 121. Die beiden oberen Fallstufen der Krimmler Wasserfälle: Früher ein lästiges Hindernis, eute ein vielbeachtetes Naturschauspiel.

Wie kam es dazu, dass im Sommer 1947 plötzlich jüdische Flüchtlingstrecks im damals stillen Oberpinzgau eine einsame Route über die Hohen Tauern nutzten, um (illegal) nach Italien und weiter Palästina zu gelangen? Nach dem Ende der NS-Herrschaft standen jene osteuropäischen Juden, die den Holocaust überlebt hatten, ein weiteres Mal als Verlierer da. Ihre Dörfer waren vielfach dem Erdboden gleichgemacht worden, die intakten Häuser und Wohnungen von anderen bewohnt. Es gab Grenzverschiebungen, Zwangsumsiedlungen, einen offenen Antisemitismus und nicht mehr rückgängig gemachte Enteignungen. Auf der anderen Seite gab es die Fluchthilfeorganisation »Bricha« (hebräisch: »Flucht«), die es sich zur Aufgabe gemacht hatte, Holocaust-Überlebende nach Palästina zu bringen. Auf diese Weise entstand eine der größten illegal organisierten Fluchtaktionen, die es in Europa je gegeben hat.

Die »Bricha« baute von Osteuropa bis Palästina ein weitgespanntes Fluchthilfenetzwerk auf. Von den 250 000 Menschen, die von 1945 bis 1948 nach Westeuropa geschleust wurden, kam etwa die Hälfte durch Salzburg mit seinen fünf Transitlagern. Eine wichtige Fluchtroute ging über Tirol nach Italien. Als diese Route an den Grenzen immer undurchlässiger wurde, stieß die »Bricha« 1947 bei ihrer Suche nach immer neuen Fluchtwegen auf den Krimmler-Tauern-Pass: Hier grenzte das Bundesland Salzburg und damit die amerikanische Besatzungszone direkt an Italien.

Der Weg über den 2633 Meter hohen Krimmler Tauern war eine anstrengende und spektakuläre Route. Ausgangspunkt für den Marsch war das Flüchtlingslager »Givat Avoda« in Saalfelden, die heutige Wallner-Kaserne des österreichischen Bundesheeres. Etwa zwei Mal pro Woche brachte man in der Nacht rund 200 Personen auf Lastwagen von Saalfelden nach Krimml. Die Fahrt dauerte abenteuerliche vier Stunden, Ankunft in Krimml war gegen 2 Uhr früh. Kontrollposten der amerikanischen Besatzungsbehörden gab es in Krimml keine. Die Gendarmerie wiederum hatte Anweisung, nicht einzuschreiten. Dazu der damalige Postenkommandant: »Als nachts der erste LKW-Transport ankam, wurde das an die vorgesetzte Dienststelle in Zell am See gemeldet. Von dort kam Order ›nicht zum Fenster rauszuschauen‹, also gewähren zu lassen. Was auch befolgt wurde. Transporte kamen immer nachts. Die LKW-Ladeklappen wurden leise herunter gelassen und bei größtem Stillschweigen sammelt sich die Gruppe und wanderte noch in der Nacht zum Krimmler Tauernhaus. [...] Die Ausrüstung der Juden (Kleidung, Schuhe) war katastrophal für diesen Weg.«[1]

1   UDO KÜHN (Hrsg.) 1998. Der alte Krimmler Tauernweg – Erbach Bullau, S. 60.

Abb. 122. Das Krimmler-Achen-Tal zwischen den Wasserfällen und dem Tauernhaus mit Blick taleinwärts.

Der Wasserfallweg stellte den ersten Teil des Fluchtweges dar. Bis zu drei Stunden dauerte der Marsch, bis man den Oberen Wasserfall hinter sich gelassen hatte. Damit niemand verloren ging, befand sich an der Spitze und am Ende des Flüchtlingszuges je ein Fluchtbegleiter. Die Nahrungsmittel wurden teilweise mit einem pferdegezogenen Karren heraufgebracht. Zusätzlich transportierte das Zugpferd Säuglinge. Diese steckten in Kartons, die links und rechts am Saumsattel befestigt waren. VIKTOR KNOPF, der damals für die »Bricha« als Begleiter für die Flüchtlingsgruppen arbeitete, erinnerte sich später: *»Es waren Leute, die zuvor nie am Berg gewesen waren und daher die Berge und deren Gefahren nicht kannten, und ein Weg über den Krimmler Tauern war auch damals kein Spazierweg. Die Flüchtlinge wurden nicht besonders ausgerüstet: Es gab kein festes Schuhwerk und auch keinen Regenschutz, keine Stöcke und nur wenig Verpflegung, da ja alles getragen werden musste.«*[2]

Krimmler-Achen-Tal

Sind die Wasserfallstufen einmal überwunden, so führt ein bequemer Fahrweg ohne große Höhenunterschiede taleinwärts. Für die meisten Besucher der Wasserfälle ist spätestens hier Endstation. Das langgestreckte Krimmler-Achen-Tal ist zwar von gemütlichen Talwanderern, routinierten Berggehern und sportlichen Mountainbikern gut besucht, aber nicht überlaufen.

THOMAS ALBRICH (Hrsg.) 1998. Flucht nach Eretz Israel. – Österreich-Israel-Studien Band 1; Innsbruck-Wien, S. 193.

Kurz nach der Schettbrücke beginnt die Außenzone des Nationalparks Hohe Tauern. Bald öffnet sich das Tal zu einer ausgedehnten Almlandschaft mit Almwiesen, Mooren und der in Mäandern durch das Tal fließenden Krimmler Ache. Hier erwartet den Wanderer kurz nacheinander kulinarische Stärkung auf der Veitnalm, der Hölzlahneralm, sowie ein Stück weiter auf der Söllnalm.

Vorbei an der Mühleggalm, die im 17. und 18. Jahrhundert als Branntweinschenke diente und damals bei der Obrigkeit keinen guten Ruf besaß, geht es bei mäßiger Steigung weiter, bis man nach Überwindung eines kleinen Hügels das Krimmler Tauernhaus samt Nebengebäuden als einzige Dauersiedlung des Achentales erblickt. Gehzeit von Krimml bis hier: rund 3 Stunden.

Krimmler Tauernhaus

Das Krimmler Tauernhaus (1622 m) ist ein beliebtes Ziel von Talwanderern und Ausgangspunkt für alpine Touren. Hier gibt es eine gute Küche und bequeme Nächtigungsmöglichkeit. »Tauernhäuser« hatten viele Jahrhunderte eine besondere Funktion, ihre Gründung geht großteils auf das Hochmittelalter zurück. Die Betreiber erhielten vom Erzstift Salzburg bestimmte Zuwendungen, und hatten dafür den Auftrag, für die Begehbarkeit der Passwege zu sorgen, arme Reisende kostenlos zu unterstützen sowie vom Weg abgekommene Tauerngeher zu suchen. In den Hohen Tauern befanden sich insgesamt sechs Tauernhäuser. Jenes

Abb. 123. Das Krimmler Tauernhaus gibt es nachweislich seit 1389, seit über 600 Jahren ist e Rast- und Servicestation, Hospiz, Herberge und Verkehrsstützpunkt.

im Krimmler-Achen-Tal wurde wohl im Laufe des 14. Jahrhunderts eingerichtet. Die erste schriftliche Erwähnung stammt aus dem Jahr 1389, der damalige Tauernwirt hieß ALBERT.

Das heutige Aussehen des Krimmler Tauernhauses stammt aus dem Jahr 1906. SIMON GEISLER kaufte die alte »Taferne« und vergrößerte sie zu einem respektablen Alpengasthof. Heute wird das Tauernhaus von Urenkel FRIEDL GEISLER und seiner Familie geführt. Kernstück des Krimmler Tauernhauses ist die jahrhundertealte Gaststube mit ihren einzigartigen Malereien und Inschriften auf den Wandvertäfelungen. Diese wurden von ladinischen Wandermalern aus dem Fassatal angebracht, die Mitte des 19. Jahrhunderts hier vorbeikamen.

Abb. 124. *Beim Krimmler Tauernhaus konnten die jüdischen Flüchtlinge für einige Stunden Rast machen, bevor sie zum anstrengendsten Teil ihres Marsches aufbrachen.*

Für die Flüchtlingsgruppen von 1947 dagegen hatte die Landschaft wenig Anheimelndes an sich. War das Krimmler Tauernhaus nach dem anstrengenden Nachtmarsch erreicht, so konnten sie endlich ausruhen. Und auch hier erfüllte das Tauernhaus seine uralte Verpflichtung: Unterstützung, Beherbergung und Verpflegung der Reisenden. Dazu Fluchtbegleiter VIKTOR KNOPF: *»Die Wirtsleute dort waren sehr lieb und sehr nett zu uns. Wir haben Lebensmittel mitgebracht. Liesl Geisler, die Wirtin [...], war eigentlich die Mutter, wenn Kinder – keine Säuglinge, aber kleine Kinder – dabei waren. Sie stand in der Küche, kochte ›Papperl‹, machte Tee und Eintopf für die Leute, damit sie etwas Warmes zum Essen hatten. Da im Haus selbst zu wenig Platz für alle war, ließen sich die einen auf der Veranda nieder, die besonders Strapazierten ruhten im Matratzenlager.«*[3]

Der anstrengendste Abschnitt stand den Flüchtlingen aber noch bevor: der Fußmarsch vom Tauernhaus durch das Windbachtal hinauf zur Tauernhöhe und wieder abwärts nach Kasern ins italienische Ahrntal.

Abb. 125. *Eine Flüchtlingsgruppe verlässt das Krimmler Tauernhaus in Richtung Passhöhe, rechts im Bild Fluchthelfer VIKTOR KNOPF.*

---

3   THOMAS ALBRICH 1998, S. 196.

Windbachtal

Das Krimmler Tauernhaus ist Ausgangspunkt für zahlreiche Wanderungen in die umliegende Bergwelt. Der alte Säumer- und Handelsweg führt zunächst auf dem Fahrweg weiter taleinwärts und zweigt nach der Außerunlaßalm in Richtung Windbachtal ab. Im Zickzack geht es durch einen Zirbenwald über den Schellenberg hinauf in das langgezogene Seitental des Krimmler-Achen-Tales. Hier befindet man sich bereits in der Kernzone des Nationalparks Hohe Tauern. Vorbei an der Windbachalm (1882 m) führt der Weg bis zum Talschluss des Hochtales, teilweise ist der Weg hier noch mit den großen Steinplatten des historischen Säumerweges ausgelegt.

Abb. 126. *Außerunlaßalm 1947: Aufstieg eines Flüchtlingstrecks ins Windbachtal.*

Abb. 127. *Aufstieg durch das Windbachtal zur Passhöhe.*

138

1666
• Außerunlassalm

Windbachalm
1882

Bachtal

Krimmler Tauern

In Serpentinen schlängelt sich der Weg schließlich zum 2633 m hohen Krimmler Tauern hinauf, der die Grenze zwischen Österreich und Italien markiert (Wegstrecke Tauernhaus–Krimmler Tauern rund 4 Stunden). Hier wird man durch einen herrlichen Panoramablick auf die umliegende Bergwelt belohnt.

Die Menschen, die 1947 über diesen Fluchtweg geführt wurden, haben die landschaftliche Schönheit nicht genießen können. Nachdem sich die Flüchtlinge im und um das Krimmler Tauernhaus ausgeruht und gestärkt hatten, wurde am Nachmittag wieder aufgebrochen. Gegen 21 Uhr standen die Flüchtlinge schließlich auf der Tauernhöhe, die zugleich Staatsgrenze war. Ohne die Mithilfe der Exekutive wäre der zwischenstaatliche Übergang nicht möglich gewesen. Die österreichischen Zollbeamten wurden fürs Wegschauen mit Zigaretten und Feuerzeugen bedankt, die italienischen Carabinieri erhielten Feuerzeuge und Sardinendosen. Manche Carabinieri halfen sogar beim Tragen des Gepäcks.

Tauern
+
33

Ahrnbach

einalm

Abb. 128. Auf dem Krimmler Tauern (2633 m), Grenzpunkt zwischen Österreich und Italien, Salzburg und Südtirol, Nationalpark Hohe Tauern und Naturpark Rieserferner-Ahrn.

Ahrntal

Man verlässt nun Österreich und den Nationalpark Hohe Tauern und betritt Italien und dei Südtiroler Naturpark Rieserferner-Ahrn. Von der Tauernhöhe aus schlängelt sich der Weg steil hinunter ins hintere Ahrntal bis zur Trinksteinalm (Jausenstation) und nach Heiligengeis (1621 m). Für diesen Abschnitt sind rund 4 Stunden zu veranschlagen. Die landschaftlich schöne Kreuzweggasse von Heiligengeist nach Kasern bildet die letzte Wegstrecke dei Tageswanderung. In Kasern (1566 m) gibt es eine Reihe von Unterkünften, in denen mai sich anschließend von den Strapazen der Wanderung erholen kann.

Für die jüdischen Flüchtlinge begann der Abstieg ins Ahrntal bei stockdunkler Nacht, Lampei durften dabei keine verwendet werden. Ihr Etappenziel erreichten die erschöpften Mensche endlich zwischen 1 und 3 Uhr in der Früh, wo sie von Mitarbeitern der »Bricha« in Empfang genommen wurden. Fluchthelfer Viktor Knopf war sich der Strapazen, die den Flüchtlinger abverlangt wurde, wohl bewusst: *»Wenn ich nach der Ankunft fragte, ob sie den Weg nocl einmal machen würden, sagten alle ›nein‹, da könne kommen, was wolle.«*[4]

Der Weg über den Krimmler Tauern wurde von den jüdischen Flüchtlingen nur in den Sommermonaten des Jahres 1947 genutzt. Vermutlich gelangten auf diese Weise zwischen 3000 und 5000 Menschen nach Italien. Als im Mai 1948 das britische Mandat über Palästina erlosch und der Staat Israel gegründet wurde, erledigten sich die illegalen Fluchtbewegungen von selbst.

Auf dem Krimmler Tauern erinnert heute eine Gedenktafel an die Ereignisse von 1947. Sie trägt die Inschrift: »Verfolgte Juden aus Osteuropa mussten hier im Jahre 1947 illegal die Grenze nach Italien überschreiten, um nach Eretz Israel zu gelangen.« Und die Flüchtlingsinitiative »Alpine

Abb. 129. Anlässlich der 50. Wiederkehr der Ereigniss von 1947 wurde auf der Tauernpasshöhe eine Erinne rungstafel angebracht.

Peace Crossing« möchte mit ihrer seit 2007 jährlich durchgeführten Friedenswanderun vom Krimmler Tauernhaus nach Kasern nicht nur an die Geschehnisse von 1947 erinnern sondern auch auf die vielen Flüchtlingsschicksale der Gegenwart aufmerksam machen.

Literatur

Albrich, T. (Hrsg.). 1998. Flucht nach Eretz Israel. Die Bricha und der jüdische Exodus durc Österreich nach 1945. – Österreich-Israel-Studien Band 1: 295 S.; (Innsbruck-Wien-Münche Bozen (Studien-Verlag).

---

4   Thomas Albrich 1998, S. 197.

Abb. 130. *Blick ins Ahrntal mit der Trinksteinalm, bald ist das Ziel der Wanderung, Kasern, erreicht.*

LOIMAIR, R. (Hrsg.), WAITZBAUER, H. (Red.). 2008. Über die Berge dem Gelobten Land entgegen. – Alpine Peace Crossing. Schriftenreihe des Landespressebüros, Serie »Dokumentationen«, Nr. 117: 152 S.; Salzburg.

GEMEINDE AHRNTAL (Hrsg.). 1999. Ahrntal. Ein Gemeindebuch. – 347 S.; Steinhaus (Eigenverlag).

JHN, U. (Hrsg.). 2000. Krimmler Tauernhaus 1631 m. – 96 S.; Erbach-Bullau (Eigenverlag).

ALZBURGER NATIONALPARKFONDS (Hrsg.), WAITZBAUER, H. (Red.). 2000. Das Krimmler Tauernhaus und seine Umgebung in Geschichte und Gegenwart. – 95 S.; Neukirchen am Großvenediger.

Grenzwanderungen im Bereich von Unken

Josef-Michael Schram

Der etwa dreiecksförmige Umriss des Bundeslandes Salzburg zeigt zwischen der Stadt Salzburg und dem Pinzgau einen auffallenden Einschnitt, verursacht durch das Berchtesgadener Land. In jahrhundertelanger historischer Rivalität waren die Fürstpropstei Berchtesgaden und das Fürsterzbistum Salzburg auf territoriale Eigenständigkeit bedacht, bis die napoleonischen Kriege zu Beginn des 19. Jahrhunderts die geistlichen Landesherrschaften beendeten. Mit den Angliederungen des Berchtesgadener Landes samt dem Rupertiwinkel an Bayern bzw. Salzburgs an Österreich wurden 1816 die heute gültigen Grenzen gezogen. Die kürzeste Verkehrsverbindung der Salzburger Bezirke Flachgau und Pinzgau wird als »kleines deutsches Eck« bezeichnet und führt durch das Saalachtal.

Die Saalach durchbricht die Nördlichen Kalkalpen zwischen Saalfelden und Bad Reichenhall. Der Flusslauf folgt einer tektonischen Störungszone, die ab Lofer bis zur Mündung in die Salzach überwiegend Südwest-Nordost streicht und Saalachrandbruch genannt wird. Eine gegenläufige Relativbewegung von Teilblöcken der Kalkalpen bewirkte hier eine vertikale Verschiebung von etwa 2500 Metern zwischen dem Tirolikum (Staufen-Höllengebirgs-Decke) und dem Juvavikum (hier Reiter-Alm-Decke). Das Unkener Becken befindet sich im Mittelabschnitt der Nördlichen Kalkalpen mit dem großräumigen Faltenkern der Unkener Mulde. Zur Landschaftsformung der Alpen und damit auch zur besonderen Gestaltung der Landschaft um Unken haben vielfältige geologisch-tektonische Kräfte und Prozesse beigetragen.

Abb. 132. Blick von der Talweitung bei Schneizlreuth flussaufwärts nach Südwesten. Links das Achhorn (1316 m), rechts der Wendelberg (959 m), in Bildmitte hinten das Grubhörndl (1747 m).

Abb. 131. Fischbachtal, Blick nach Süden in das Unkener Heutal. Die Bänke des Plattenkalkes (Obertrias) bilden im Talboden Stufen mit zahlreichen Wasserfällen.

143

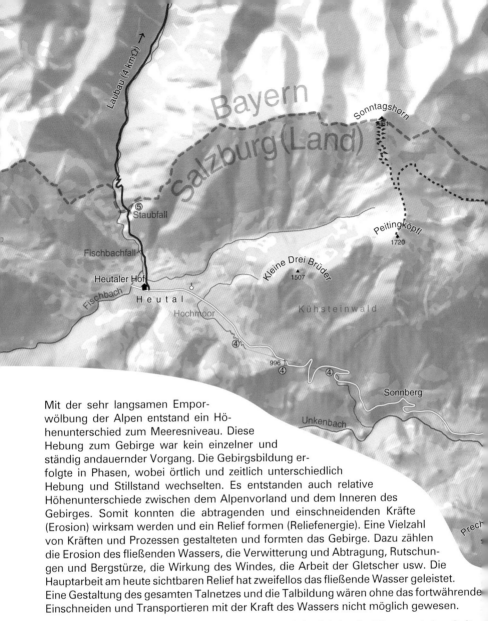

Mit der sehr langsamen Empor-
wölbung der Alpen entstand ein Höhenunterschied zum Meeresniveau. Diese
Hebung zum Gebirge war kein einzelner und
ständig andauernder Vorgang. Die Gebirgsbildung erfolgte in Phasen, wobei örtlich und zeitlich unterschiedlich
Hebung und Stillstand wechselten. Es entstanden auch relative
Höhenunterschiede zwischen dem Alpenvorland und dem Inneren des
Gebirges. Somit konnten die abtragenden und einschneidenden Kräfte
(Erosion) wirksam werden und ein Relief formen (Reliefenergie). Eine Vielzahl
von Kräften und Prozessen gestalteten und formten das Gebirge. Dazu zählen
die Erosion des fließenden Wassers, die Verwitterung und Abtragung, Rutschun-
gen und Bergstürze, die Wirkung des Windes, die Arbeit der Gletscher usw. Die
Hauptarbeit am heute sichtbaren Relief hat zweifellos das fließende Wasser geleistet.
Eine Gestaltung des gesamten Talnetzes und die Talbildung wären ohne das fortwährende
Einschneiden und Transportieren mit der Kraft des Wassers nicht möglich gewesen.

Eigenschaften der Gesteine wie z. B. die Verbandsfestigkeit, die Härte und das Gefüg
bestimmen, wie anfällig ein Gestein auf solche Verwitterungs- und Abtragungsvorgäng
reagiert. Bevorzugt wurden Gesteinsstapel entlang von Schwächezonen (Störungen) ab
getragen, aber auch aus ausgesetzten höheren Lagen. Durch die Vorläufer des heutige
Entwässerungs- und Talnetzes (z. B. »Ur-Saalach«, »Ur-Salzach«) wurden die anfallende
Schutt- und Geröllmassen in Richtung Alpenvorland transportiert und dort abgelagert.

Mit dem heutigen Landschaftsbild präsentiert sich dem aufmerksamen Betrachter eine Mc
mentaufnahme, aber keinesfalls das Ende eines geologischen Werdeganges. Eine Reihe vo

144

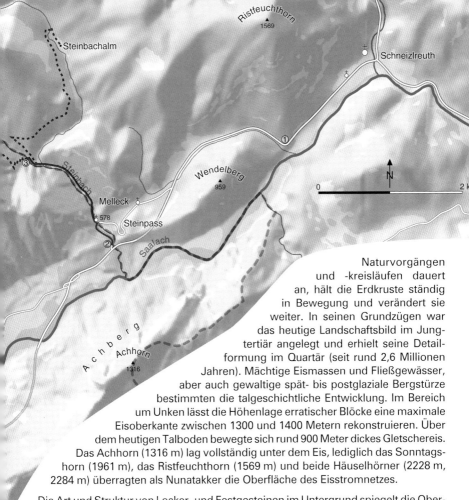

Naturvorgängen und -kreisläufen dauert an, hält die Erdkruste ständig in Bewegung und verändert sie weiter. In seinen Grundzügen war das heutige Landschaftsbild im Jung-tertiär angelegt und erhielt seine Detail-formung im Quartär (seit rund 2,6 Millionen Jahren). Mächtige Eismassen und Fließgewässer, aber auch gewaltige spät- bis postglaziale Bergstürze bestimmten die talgeschichtliche Entwicklung. Im Bereich um Unken lässt die Höhenlage erratischer Blöcke eine maximale Eisoberkante zwischen 1300 und 1400 Metern rekonstruieren. Über dem heutigen Talboden bewegte sich rund 900 Meter dickes Gletschereis. Das Achhorn (1316 m) lag vollständig unter dem Eis, lediglich das Sonntags-horn (1961 m), das Ristfeuchthorn (1569 m) und beide Häuselhörner (2228 m, 2284 m) überragten als Nunatakker die Oberfläche des Eisstromnetzes.

Die Art und Struktur von Locker- und Festgesteinen im Untergrund spiegelt die Ober-flächenformung wider. Je nach Erosionswiderstand des Gesteinsuntergrundes formten sich enge Schluchten (Kniepass) und Talweitungen (Unken, Schneizlreuth), vereinzelt blieben aber auch alte Talböden erhalten (Bereich Melleck, Steinpass).

Die in unzähligen Jahrmillionen entstandene Landschaft war vorgegeben, als der Mensch begann, diesen Naturraum als seinen Lebensraum zu nutzen. Es hing von den vorhandenen Gegebenheiten des Naturraumes ab, wie der Mensch diesen Lebensraum nutzen konnte, Schutz suchte und deshalb Grenzverläufe festlegte, wie etwa im Bereich des Steinpasses durch den Unterlauf des Steinbaches, welcher seit 1228 als Grenzlinie verschiedener Ord-nungen (Bezirk, Land, Staat) fungiert.

① Gedenktafel am Botenbühel

Im zweiten, dritten und fünften Koalitionskrieg (Napoleonische Kriege 1800, 1805 und 1809) fanden im Raum Schneizlreuth–Melleck/Steinpass–Unken schwere Kämpfe statt. Schützen-kompanien aus dem Salzburger Pinzgau und aus Tirol leisteten den angreifenden Franzosen sowie den mit ihnen verbündeten Bayern heftigen Widerstand. An der Bundesstraße B 21

Abb. 133. Blick von Melleck nach Südwesten zum Unkener Becken, umrahmt vom Dietrichshorn (1542 m, rechts oben) und dem Prechlerberg (1030 m). Die mittlere Kulisse zeigt Ausläufer der Steinplatte, ganz im Hintergrund erheben sich die Loferer Steinberge.

Abb. 134. Gedenktafel zum zweiten Koalitionskrieg mit der Inschrift »Wir wollen frei sein wie die Väter waren! 1800. Hier kämpfte das tapfere Bergvolk siegreich gegen die Truppen Napoleons«. Der erste Satz wurde FRIEDRICH SCHILLERS »Wilhelm Tell« (2. Aufzug, Schluss der 2. Szene) entnommen, der sich auf den eidgenössischen Rütlischwur bezieht.

von Schneizlreuth zum Steinpass befindet sich am Scheitelpunkt der Steigung (Rechtskurve 1,7 km südwestlich der Kirche von Schneizlreuth) eine verwachsene Gedenktafel aus dem späten 19. Jahrhundert, die an die Verteidigungskämpfe der Bauern am so genannten Botenbühel (auch Bodenberg) gegen napoleonische Truppen im Jahre 1800 erinnert (Abb. 134). Auf der stark befahrenen Transitstraße liegen sichere Haltemöglichkeiten etwa 1 Kilometer entfernt in beiden Fahrtrichtungen, ein 10-minütiger Fußmarsch ist erforderlich (signalfarbene Warnweste empfehlenswert).

Am 14. Dezember 1800 besetzten französische Truppen Salzburg. Während der Napoleonischen Kriege flüchtete der regierende Erzbischof HIERONYMUS GRAF COLLOREDO (1732–1812) und leitete das Erzbistum Salzburg als geistliches Oberhaupt von Wien aus. Mit seiner Abdankung

Abb. 135. *Modell des ehemaligen Steinpasstores. Der tatsächliche Standort der Befestigungsanlage befand sich etwa 150 Meter nördlich (im Bild links) des Modells. Anlässlich des Ausbaus der Bundesstraße B 1 (heute Loferer Straße B 178) erfolgte im Jahre 1929 der Abbruch des Tores.*

1803 wurde das Erzstift säkularisiert, Salzburg zum Herzogtum erhoben und Erzherzog FERDINAND III. VON TOSKANA als Ausgleich für das Großherzogtum Toskana entschädigt. Von 1803 bis 1805 war Salzburg ein Kurfürstentum des noch bis 1806 bestehenden Heiligen Römischen Reiches deutscher Nation. Nach einer neuerlichen Koalition gegen Napoleon wurde Salzburg 1805 abermals besetzt und kam nach dem Frieden von Preßburg erstmals zu Österreich. Infolge eines weiteren Krieges mit dem Sieg der französischen Truppen unter NAPOLEON musste Österreich das Land Salzburg 1809 an Frankreich abtreten (Frieden von Schönbrunn, 14. Oktober 1809). Für 17 Monate stand es bis 1810 unter französischer Verwaltung, gehörte danach als Salzachkreis wiederum zu Bayern, bis es 1816 endgültig wieder an Österreich zurückgestellt wurde (Münchner Vertrag vom 1. Mai 1816). 1810 wurde auch die 1623 von Erzbischof PARIS GRAF VON LODRON (1586–1653) gegründete Universität in Salzburg aufgelöst (Wiedererrichtung 1962).

② **Modell und Gedenktafeln am Steinpasstor**

Beim Gebäude des ehemaligen Doppelzollamtsgebäudes am Steinpass bestehen ausreichend Parkmöglichkeiten, um eine etwa 2-stündige Grenzwanderung entlang des Unterlaufes des Steinbaches zu unternehmen. Hier am Ausgangspunkt der Wanderung befindet sich ein Modell im Maßstab 1 : 10 des ehemaligen Steinpasstores (Abb. 135). Erzbischof PARIS LODRON ließ diese Befestigungsanlage an der salzburgisch-bayerischen Grenze nach Plänen seines Hofbaumeisters SANTINO SOLARI (1576–1646) 1646 errichten. Als Standort wurde die taktisch günstige Felsenge am Steinbach gewählt. Mit dem Ausbau zahlreicher anderer Befestigungen, z.B. am Kniepass 1621, und weitläufigen Basteien in der Stadt Salzburg und auf den Stadtbergen, gelang es PARIS LODRON, sein Erzbistum aus den militärischen Operationen des Dreißigjährigen Krieges (1618–1648) herauszuhalten.

Abb. 136. *Gedenktafel an der Bergseite der alten Bundesstraße anlässlich der Errichtung des Steinpasstores im Jahre 1646 und ergänzende Inschrift zum Abriss 1929.*

Abb. 137. *So genannter Säbelwuchs von stärkeren Baumstämmen in Bodennähe gilt als untrüglicher Hinweis auf langsame Rutschbewegungen des Untergrundes. Demgegenüber lassen bei dünnstämmigem Unterholz ähnliche Formen auf Schneedruck schließen.*

Eine Gedenktafel aus dem Jahr 1646 samt einer Ergänzung von 1929 erinnert an das ehemalige Steinpasstor, welches beim fünften Koalitionskrieg 1809 erhebliche Beschädigungen davontrug. Die Inschriften lauten übersetzt: »Erzbischof Paris aus dem Grafengeschlecht der Lodron erbaute es 1646« und »Das befestigte Tor, das einst Erzbischof Paris, um unerwünschte Fremde abzuwehren, hier aufbaute, hat ein neues Zeitalter, um die erwünschten Fremden nicht beim Eintritt aufzuhalten, im Jahre 1929 abgerissen« (Abb. 136).

③ **Grenzwanderung am Steinbach**

Nach kurzem Fußmarsch auf der alten Bundesstraße wird die Grenzbrücke (mit der schlichten Grenzmarke Nr. 183/3A »D|Ö« am Brückengeländer) erreicht, es folgt die Wanderung in das landschaftlich reizvolle Tal des Steinbaches entlang eines Fahrweges. Im Falle einer so genannten »nassen Grenze« lässt sich – insbesondere bei einem nicht regulierten Wildbach – keine nachhaltig exakte Grenzziehung in Fluss- bzw. Bachmitte vornehmen. Deshalb wechselt der Grenzverlauf etwa in Kilometerabständen vom rechten zum linken Ufer und umgekehrt. Das Tal verläuft durch obertriassischen Hauptdolomit, ein grauer bis graubrauner, feinkörniger Dolomitstein mit typischer Bankung. Die schroffen, zu beiden Seiten 400 Höhenmeter ansteigenden Wände weisen am Hangfuß teilweise übersteilte Schuttkegel auf. Die Instabilität dieser Hangschuttkörper spiegelt sich örtlich durch säbelförmigen Wuchs der Stämme wider (Abb. 137).

Bei der Höhenkote (Höhenpunkt) 621 (Gabelung des Steinbaches) endet der Fahrweg an einer desolaten Brücke. Von hier führt ein Ziehweg steil bergauf zur verfallenen Steinbachalm, ein weiterer Pfad folgt auf der Talsohle dem Steinbach bis zum Beginn des Steiges zum Peitingköpfl (1720 m) und Sonntagshorn (1961 m). In diesem Bereich befinden sich auf zwei jeweils rund 10 Kubikmeter großen Blöcken an beiden Ufern historische Grenzmarken mit der Nr. 184, orographisch rechtsufrig mit »Ö« (Abb. 138), linksufrig mit »B« (für das Königreich Bayern) gekennzeichnet. Der Rückmarsch erfolgt auf demselben Weg entlang der Staatsgrenze.

Abb. 138. Historische österreichische Grenzmarke »CLXX-XIV« auf einem Riesengeröll am Oberlauf des Steinbaches (orographisch rechtes Ufer).

Abb. 139. Aufschluss von jurassischen Rotkalken an der Pforte zum eigentlichen Heutal (Bildstock bei Kote 996). Blickrichtung nach Westen.

149

④ **Rotkalke und Hochmoor mit Mäandern im Heutal**

Eine weitere Grenzwanderung führt zum Staubfall. Man gelangt auf der Unkener Landesstraße L 272 zum Ortszentrum von Unken und fährt über die Heutal-Landesstraße L 251 durch Sonnberg bis zum Bildstock (Kote 996) hoch. Hinter diesem Bildstock stehen unter- bis mitteljurassische Rotkalke an, das sind rötliche und graue, teilweise Hornstein führende Kalke mit zentimeter- bis dezimeterdicken Bänken (Abb. 139). Eine Tafel erinnert an den mühsamen Bau der Heutalstraße in den Jahren 1929 bis 1933, also während der Weltwirtschaftskrise.

Abb. 140. Hochmoor im Heutal mit Mäandern. Blickrichtung nach Südwesten. Die Entwässerung erfolgt nach Ostsüdost (im Bild links).

Von dieser Pforte führt die Straße durch das Heutal, ein Hochtal auf durchschnittlich 970 Meter Höhe mit einem mäandrierenden Bach (Abb. 140) und einem Hochmoor (geschützter Landschaftsteil). Dieses episodische Gerinne entwässert nicht zum Fischbach, sondern versickert in mehreren bis 10 Meter tiefen Trichtern und tritt nach etwa 1,2 Kilometern in ostsüdöstlicher Richtung – 140 Höhenmeter tiefer – als Karstquelle zutage. Es entwässert über einen Seitengraben des Unkenbaches zur Saalach. Somit bildet das Heutal eine Talwasserscheide. Nach Norden bieten die Kleinen Drei Brüder (1507 m) einen Blickfang. Diese drei Felszinnen ragen unmittelbar aus dem Kühsteinwald empor und sind aus hellgrauen bis weißen Kalken der Obertrias aufgebaut.

⑤ **Grenzwanderung zum Staubfall**

Nahe dem Gasthaus Heutaler Hof bestehen ausreichend Parkmöglichkeiten, um die Wanderung durch das Fischbachtal zur Staatsgrenze zu beginnen. Hin und zurück sind je nach der Anzahl selbst gewählter Halte- und Aussichtspunkte anderthalb Stunden einzurechnen. Der Steig durch die Schlucht ist befestigt und gesichert, jedoch sind bereichsweise Stufen durch Nässe rutschig. Daher wird festes Schuhwerk mit Profilsohle empfohlen. Nach der Querung von Almweiden wird der Fischbachfall (etwa 20 m Fallhöhe) erreicht. Von hier bis zum Staubfall stehen so genannte Plattenkalke an. Das sind gut gebankte bis plattige graubraune Kalke der tieferen Obertrias, unterlagert von Hauptdolomit (bereits auf bayerischem Gebiet).

Nach 30 Minuten Gehzeit mit imposanten Tiefblicken in die Schlucht (Abb. 131) wird nach einer Felsecke eine schmale Plattform mit Aussicht auf den Staubfall erreicht. Dieser Wasserfall hat eine Fallhöhe von insgesamt 200 Metern, unmittelbar sichtbar sind davon nur etwa 70 Meter. Die Staatsgrenze wird unter dem Wasserfall, durch ein undichtes Holzdach geschützt, überquert (Abb. 141). Auf bayerischer Seite erreicht man nach weiteren anderthalb Stunden Gehzeit die Gehöftgruppe Laubau (mit einem Gasthaus) bei Ruhpolding. Dieser Steig bildete in den vergangenen Jahrhunderten einen beliebten Schmugglerpfad. Der Rückmarsch erfolgt auf demselben Weg.

Abb. 141. *Der Staubfall mit überdachter Grenzübertrittsmöglichkeit. Blickrichtung nach Norden. Oberhalb des Steiges ist die weiße Grenzmarke (Bayern + 191) zu erkennen. Der Plattenkalk fällt hier flach nach Südsüdosten ein.*

Literatur

BRAUNSTINGL, R. (Koord.), G. PESTAL, E. HEJL, H. EGGER, D. V. HUSEN, M. LINNER, G. MANDL, M. MOSER, J. REITNER, C. RUPP & R. SCHUSTER. 2005. Geologische Karte von Salzburg 1 : 200 000. – 1 Bl.; Wien (Geologische Bundesanstalt).

DOPSCH, H. & H. SPATZENEGGER (Hrsg.). 1988. Neuzeit und Zeitgeschichte 1. Teil (Neuzeit bis zum Ende des geistlichen Fürstentums). – Geschichte Salzburgs, Stadt und Land, Band II/1: 1–576; Salzburg (Pustet).

(Hrsg.). 1995. Neuzeit und Zeitgeschichte 2. Teil (Neuzeit ab 1803, Zeitgeschichte). – Geschichte Salzburgs, Stadt und Land, Band II/2: 577–1360; 2. Aufl.; Salzburg (Pustet).

HOHENWARTER, L. & S. SCHMIDT. 2000. Bei uns in Unken. Vergangenes und Gegenwärtiges aus einem Dorf inner Gebirg. – 528 S.; Unken (Gemeinde Unken).

LAHNSTEINER, J. 1980. Mitterpinzgau. Saalbach, Saalfelden, Lofer, Salzburgisches Saaletal. Geschichtlich und heimatkundlich beschrieben. – 534 S.; Hollersbach (Selbstverlag LAHN-STEINER).

PAVLIK, W., I. BAYER & M. SCHIEGL. 2006. GEOFAST – Provisorische Geologische Karte der Republik Österreich 1 : 50 000, Blatt 92 Lofer. – 1 Bl.; Wien (Geologische Bundesanstalt).

PESTAL, G., E. HEJL, R. BRAUNSTINGL & R. SCHUSTER (Red.). 2009. Geologische Karte von Salzburg 1 : 200 000. Erläuterungen. – 162 S.; Wien (Geologische Bundesanstalt).

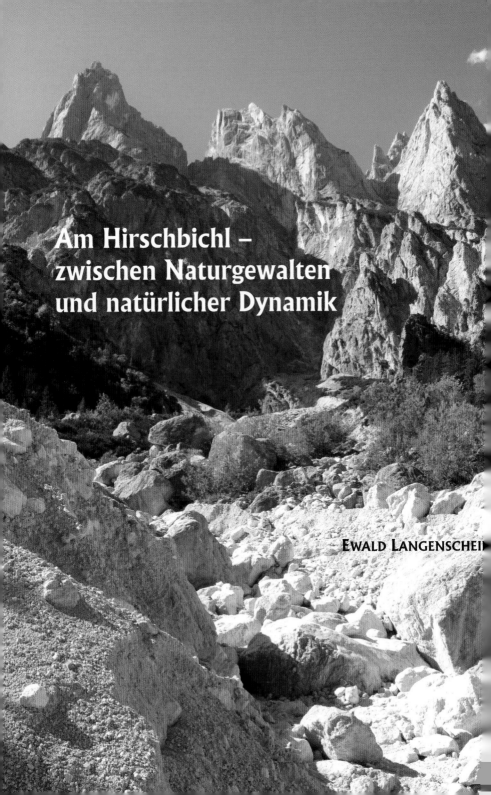

Am Hirschbichl –
zwischen Naturgewalten
und natürlicher Dynamik

EWALD LANGENSCHEID

Der Hirschbichl ist der einzige Gebirgsübergang zwischen dem Berchtesgadener Land im Norden und dem Salzburger Saalachtal im Süden, der ohne größere Schwierigkeiten zu Fuß oder mit Fahrzeugen bewältigt werden kann. Alle anderen Wege vom Berchtesgadener Land nach Süden bzw. vom Saalachtal nach Norden, sind mühsam zu begehen und erfordern einen erheblich größeren Zeitaufwand. Mit einer Passhöhe von 1183 Metern bei einem Anstieg von nur rund 500 Höhenmetern von Norden wie von Süden, ist der »Hirschbichl« (auch »Mooswacht«; Höhe des Sattels bei der Landesgrenze nur 1149 Meter) zudem relativ niedrig.

Von Nordosten erfolgt der Zugang zum Hirschbichl durch das Klausbachtal, von Südwesten zunächst entlang des Weißbaches, im höheren Bereich weiter entlang des Schwarzbaches.

Heute steht am Hirschbichl die Natur im Vordergrund. Auf deutscher Seite mit dem Nationalpark Berchtesgaden und auf der österreichischen Seite mit dem Naturpark Weißbach. Besonders eindrucksvoll sind die Seisenbergklamm nahe Weißbach und das Felssturzgeschehen von der Reiter Alm am Kleinen Mühlsturzhorn.

Lage und Erreichbarkeit. Die beiden Ausgangsorte für einen Besuch des Hirschbichls, Ramsau-Hintersee und Weißbach, sind über Berchtesgaden bzw. Lofer mit dem ÖPNV erreichbar. In beiden Orten stehen Parkplätze für den Individualverkehr (teilweise gebührenpflichtig) zur Verfügung. Zum Hirschbichl führen von beiden Seiten gut ausgebaute Wanderwege. Gehzeit rund 2–2½ Stunden. Die Straße ist auf deutscher Seite ab dem 🅿 Hirschbichl-Straße gesperrt, auf der österreichischen Seite kann man etwas weiter hochfahren (🅿 Hinterthal, 979 m). Mit dem Fahrrad kann der Hirschbichl über die Straße von beiden Seiten erreicht werden (kurze Abschnitte mit 30 % Steigung!). Einkehrmöglichkeiten bestehen in den Talorten sowie am Hirschbichl selbst, die Almen sind im Sommer bewirtschaftet.

Etwas ganz Besonderes: Das Besondere ist jedoch der »AlmErlebnisBus« mit seinen zahlreichen Haltestellen entlang der Straße. Der Linienbus verkehrt von Mai bis Oktober und erlaubt es, bequem in die Bergwelt zwischen dem Hochkalter und der Reiter-Alm einzudringen.

Informationen: www.almerlebnisbus.com, www.nationalpark-berchtesgaden.de, www.naturpark-weissbach.at, www.ramsau.de, www.weissbach.at

Aus der Geschichte

unde aus dem 8. Jahrhundert vor Christi Geburt weisen das Saalachtal als Teil einer keltischen Handelsroute aus. Die Nord-Süd-Verbindung verlief über den Großglockner, durch das Saalachtal, weiter entweder über den Hirschbichl oder über Gumping und Lofer zu den Salzabbauen nach Norden. Damit wurde der Hirschbichl Teil eines Salzhandelsweges, der und 2000 Jahre Bestand haben sollte.

pätrömische Münzen und Reste von Gefäßen aus Funden in Weißbach deuten an, dass er Hirschbichl auch zu dieser Zeit noch eine größere Bedeutung als Handelsweg hatte.

bb. 142. Blick von der Hirschbichlstraße hinauf zum Kleinen Mühlsturzhorn (2141 m) mit der usbruchstelle des Felssturzes aus dem Jahre 1999, links davon das Große Mühlsturzhorn (234 m), rechts die Grundübelhörner (2096 m). Im Vordergrund ist durch Muren umgelagertes turzmaterial erkennbar. Quer durch die obere Bildmitte ziehen sich Dolomitgesteine, die sich urch ihre Verwitterungsform mit Türmchen- und Schrofenbildung deutlich vom darüberliegenen wandbildenden Dachsteinkalk unterscheiden.

153

Nach dem Abzug der römischen Truppen übernahm die ansässige Bevölkerung (»Bajuwaren«) die Salzgewinnung in Bad Reichenhall und Salzburg gewann ab 696 an Bedeutung, als der Heilige RUPERT dort begann, das Kloster Sankt Peter weiterzuentwickeln.

Im 8. Jahrhundert schenkte der Baiernherzog THEODO dem Stift Salzburg mehrere Salzsieden in Reichenhall, ebenso dem Stift Nonntal, einschließlich der dazugehörigen Wälder im Saalachtal. Damit erlangte das Triftwesen auf der Saalach größere Bedeutung, gleichzeitig aber auch der Salzsäumerweg über den Hirschbichl.

Nachdem 1228 der Pinzgau an Salzburg gefallen war, wurden in der folgenden Zeit die Nord-Süd-Verbindungen erneut ausgebaut und Maut- und Kontrollstellen an wichtigen Punkten eingerichtet. Das rief natürlich zunehmend Schmuggler auf den Plan, schließlich musste 1742 am Hirschbichl eine Hütte errichtet werden, um das beschlagnahmte Salz unterzubringen.

Nach der Säkularisation 1803 wurden das Erzbistum Salzburg und die Fürstpropstei Berchtesgaden Großherzog FERDINAND VON TOSCANA zugesprochen, der den Neubau der Hirschbichlstraße auf der heutigen Trasse initiierte (1805–1807). In den anschließenden Wirren vor dem Wiener Kongress (1814/15) waren Salzburg und Berchtesgaden zunächst österreichisch, dann unter französischer Herrschaft. Letzten Endes kam Salzburg zu Österreich und Berchtesgaden zu Bayern. Am Hirschbichl wurde in der Zeit gekämpft und der Pass war zeitweilig Landesgrenze, verlor dadurch aber rasch an Bedeutung.

1847 wurde das Zollhaus am Hirschbichl neu errichtet, das alte war in den Kämpfen abgebrannt. 1938 wurde die Grenze für ein paar Jahre aufgelöst, 1945 fielen wieder Schüsse, bis schließlich die Alliierten den Pass besetzten. Aus den verschiedensten Gründen herrschte danach noch einmal für kurze Zeit reger Betrieb am Hirschbichl. Aber auch der ließ nach, am 1. Oktober 1963 wurde die Zollwachabteilung am Hirschbichl aufgelöst.

Abb. 143. *Das Höhenprofil vermittelt einen Eindruck von der Stufung der Anstiege zum Hirschbichl.*

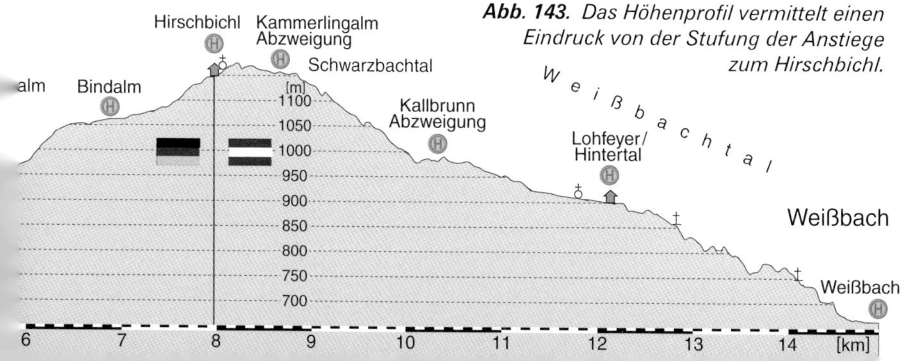

Abb. 144. Am Hirschbichl knapp hinter der Landesgrenze auf österreichischer Seite. Rechts is
das ehemalige Zollwachgebäude angeschnitten, gegenüber liegen das Gasthaus Hirschbichl und
ein Wohngebäude. Die Kapelle wurde bereits 1849 durch den damaligen Wirt errichtet. Nach
links sind es nur noch wenige Meter bis zur Passhöhe (1183 m).

Die geologische und geomorphologische Situation

Der Bereich um die Passhöhe wird von einer Störungszone durchzogen, die sich in Nord-
west-Südost-Richtung aus dem Gebiet zwischen Lofer und Unken bis in das Steinerne Mee
verfolgen lässt. Von der Passhöhe nach Nordosten erstreckt sich dazu rechtwinklig da
Klausbachtal, das mit seinem Verlauf die Grenze zwischen dem Massiv des Hochkalters und
der Reiter Alm markiert. Ebenso zieht in Südwest-Richtung eine Störung vom Hirschbich
nach Weißbach zur Saalachstörung hinab.

Die Schichtenfolge beginnt mit den Werfener Schichten der Untertrias an der Reiter Alm
Darüber lagern verschiedene Dolomitgesteine mit ihren charakteristischen Verwitterungs
formen, bis schließlich der rund 1000 Meter mächtige Dachsteinkalk die Gesteinsfolge au
der Trias in den höheren Partien abschließt. Im Klausbachtal reicht er an der Seite de
Hochkalters bis in die Niederungen, da die Schichten ungefähr hangparallel gegen de
Talgrund einfallen. Dachsteinkalk steht aber auch bei Weißbach beiderseits der Saalach i
Talnähe an, wo sich der Weißbach in der Seisenbergklamm tief eingeschnitten hat. Darübe
erscheinen Kalke aus der Jurazeit, die weiter talaufwärts zu Kieselkalken und Radiolarite
überleiten. Sie werden überlagert von einer Melange verschiedener und verschieden a
ter Gesteine, die als Beckenfüllungen im mittleren und oberen Jura gebildet wurden. Ih
Vorkommen erstreckt sich von der Kallbrunnalm bis hinauf zur Passhöhe. Danach stellte
sich in der Kreide wieder ruhigere Ablagerungsbedingungen ein. Die dabei gebildete
Gesteine beherrschen das Gebiet vom Hirschbichl bis zur Litzlalm. Der Litzlkogel selbst is
aus Lerchkogelkalk aufgebaut, der jetzt wieder eine typische Flachwasserbildung ist und i
Zusammenhang mit der Entwicklung der Plassenkalke zu sehen ist.

Abb. 145. *Der Hintersee mit der Ausbruchstelle des Bergsturzes Zauberwald (linke Bildhälfte, Geotop) zwischen Steinberg (2026 m) und Schärtenspitze (2153 m). Das Volumen der Sturzmasse im Zauberwald beträgt rund 13 Millionen Kubikmeter.*

Für das heutige Erscheinungsbild der Täler und Berge rund um den Hirschbichl waren die Gletscherströme und Eismassen der vergangenen Kaltzeiten verantwortlich. Sie ließen Kare entstehen, formten die Kämme und Grate der Berge und hobelten die Täler U-förmig aus. Für die mächtigen Gletscherströme der Mindel- und Rißeiszeit stellte der Hirschbichl kein großes Hindernis dar, er wurde von ihnen auf ihrem Weg nach Norden überwunden. In der letzten Kaltzeit, der Würmeiszeit, erreichten die Gletscher aber bei Weitem nicht mehr diese Dimensionen. Der Hirschbichl stellte für sie nun ein unüberwindbares Hindernis dar. Im Süden floss der Saalachgletscher vorbei, im Klausbachtal lag ein Lokalgletscher, der wohl vor allem von der Seite des Hochkalters gespeist wurde.

Der Hirschbichl trennt zwei morphologisch unterschiedlich gestaltete Gebiete. Nach Südwesten führt ein relativ weites Tal in Richtung Weißbach zur Saalach hinab. Die dort anstehenden Juragesteine setzten dem Saalachgletscher und seinen Seitenarmen wenig Widerstand entgegen. Letztendlich endete das Weißbachtal hängend über dem Saalachtal. Als Folge davon hat sich der Weißbach in diese unterste Steilstufe eingeschnitten und damit die Seisenbergklamm gebildet.

Die Kalk- und Dolomitgesteine beiderseits des Klausbaches setzten dagegen den Eismassen wesentlich mehr Widerstand entgegen. Das Tal ist deshalb relativ eng und tief eingeschnitten, vor allem an der Seite der Reiter Alm ragen eindrucksvolle Steilwände auf. Im Bereich der Grundübelau ist das Klausbachtal rund 150 Meter übertieft, über der Talsohle liegt eisbelastetes Material (vermutlich Grundmoräne), darüber folgen mächtige Schotter als Ausdruck des nacheiszeitlichen morphodynamischen Geschehens. Der Hintersee am Talbeginn wurde jedoch erst durch einen bronzezeitlichen Bergsturz (Geotop Zauberwald) aufgestaut. Einst erstreckte er sich weiter taleinwärts. Durch die ständige Schutt- und Schotternachlieferungen aus dem Klausbachtal verlor er bis heute schon wieder gut zwei Drittel seiner ursprünglichen Ausdehnung.

Vom Hintersee zum Hirschbichl

Grundübelau – Lahnwald – Ofental

Gerade bei stärkeren Regenfällen oder kurz danach ist ein Spaziergang durch die Grundübelau zu empfehlen. Aus zahlreichen Quellen sprudelt Wasser, Bäche fließen duch die Au, an manchen Stellen versickern sie wieder. Eindrucksvoll wird hier das dynamische Geschehen in diesem Gebiet vor Augen geführt, dazu kommen vielleicht frische Überschotterungen in Teilen des Auwaldes.

Im Lahnwald und am Beginn des Ofentales ist zu beobachten, wie die natürliche Sukzession voranschreitet. Die eine Fläche war von einer Lawine betroffen (Lahn = Lawine, 1999), auf der anderen wurde von »Wiebke« (1990) ein Waldstück umgelegt. Getreu dem Gedanken des Nationalparks, die Natur sich selbst zu überlassen, wurde das Holz nicht aufgearbeitet – es bildete eine natürliche Verbauung gegen Lawinen. Zwischen den umgelegten Stämmen und auf dem Totholz begann der Wald neu zu wachsen – ganz ohne Wildverbiss, denn das Schalenwild meidet einen solchen »Verhau«, aus dem es nicht schnell genug fliehen kann.

Am Mühlsturzgraben (Bushaltestelle Hängebrücke)

Aus der Südwest-Flanke des Kleinen Mühlsturzhornes an der Reiter Alm löste sich am 8 September 1999 ein Felssturz (s. Buchrückseite). Weitere Steinschläge folgten und am 21 September 1999 ereignete sich ein zweiter größerer Felssturz. Nach der Größe der Ausbruchstelle zu schließen stürzten insgesamt etwa 200 000 bis 250 000 Kubikmeter Dachsteinkalk vom Kleinen Mühlsturzhorn talwärts. Wie aber die mächtigen älteren Grabenfüllungen im Mühlsturzgraben und die Ablagerungen der Grundübelau zeigen, waren dies wohl eher kleinere Sturzereignisse.

Von WOLF-ARMIN FREIHERR VON REITZENSTEIN (1785!) wurden die Mühlsturzhörner wie folg beschrieben (Zitat aus BRUGGER et al. 1991): *»Die Mühlstürze ist ein Berg, dessen Spitze breit, aber dünne, dreylappicht, und so steil ist, daß es keinem Thiere möglich wird sie hinauf zu klettern. Sie bricht auch beständig ab, besonders im Winter, und beym Schnee schmelzen, und die Trümmer liegen bis an die Strasse.«*

Während der Gebirgsbildung entstanden Klüfte und Störungen, das Gestein wurde aufgelockert, an manchen Stellen völlig zerrüttet. Die Gletscher der Eiszeiten hobelten das Tal aus und formten das heutige übersteilte Relief. Die Ursachen für die Sturzereignisse liegen im aufgelockerten Felsgefüge, in Instabilitäten, die sich im Laufe der Zeit bis zu einem kritischen Punkt entwickelt haben. Es war also nur eine Frage der Zeit, wann dieser wieder einmal erreicht sein würde.

Die Ereignisse vom 8. September 1999 führten zur Ablagerung der Hauptsturzmasse im unteren Bereich des großen Mühlsturzgrabens bis in eine Höhe von 120–140 Meter oberhal der Hirschbichlstraße. Die Steinschläge und Stürze vom 21. September lösten eine Mur aus, die über die Hirschbichlstraße hinwegging und die Brücke des Wanderweges über den Klausbach zerstörte. Das Rätsel dabei war nun, wo das am Murgang beteiligte Wasser herkam. In der Nacht zuvor war lediglich 14 Millimeter Niederschlag gefallen. Schließlich stellte sich heraus, dass es im oberen großen Mühlsturzgraben Altschneereste gegeben hatte. Der Aufprall der Sturzmasse im oberen Grabenbereich, über den die vorangegangenen Stürze hinweggegangen waren, ließ den Altschnee plötzlich schmelzen und das abfließende Wasser setzte das Murgeschehen in Gang.

Abb. 146. *Die Hängebrücke über den Klausbach bzw. den unteren Bereich des Mühlsturzgrabens. Durch abgehende Muren nach starken Regenfällen kommt es hier immer wieder zu erheblichen Materialumlagerungen. Die Brücke wurde im Jahre 2010 eingeweiht, sie ist 55 m lang, 11 m hoch und 1,7 m breit. Der Zugang zur Brücke wurde barrierefrei angelegt, in Verbindung mit der Straße oder dem AlmErlebnisBus ist sie, wie das gesamte Klausbachtal, auch mit dem Rollstuhl erreichbar.*

Wie geht es nun weiter? Aufgrund der Zerrüttung des Dachsteinkalkes, der vorhandenen Instabilitäten sowie der morphologischen Verhältnisse sind weitere Sturzereignisse zu erwarten. Die Sturzmassen verlagern sich talwärts, nach entsprechenden Niederschlägen muss mit Muren und wildbachartigem Geschehen gerechnet werden. Im Talbereich der Grundübelau sind Materialumlagerungen und Überschotterungen durch den Klausbach zu erwarten.

Die Bindalm

Knapp unterhalb des Passes liegt die Bindalm (Bushaltestelle), die auch heute noch bewirtschaftet wird. An ihren vier Kasern (von lat. casa = Hütte) lässt sich die historische Bauentwicklung der Kaser nachvollziehen. Sehenswert ist vor allem der Schiedkaser, ein alter »Rundumkaser«, der früher auf der Feldalm (bewirtschaftet bis 1960) im Steinernen Meer stand. Dessen typische Bauform – das Kaststöckl (Wirtschafts- und Schlafraum) in der Mitte, rundherum der Stall – ist die älteste im Berchtesgadener Land.

Abb. 147. *Der Schiedkaser auf der Bindalm. Der »Rundumkaser« ist die älteste Bauform eines Kasers im Berchtesgadener Land.*

Abb. 148. *Die »Vorderklamm« ist noch relativ weit. Ein gut ausgebauter Weg führt entlang des Weißbaches.*

Von Weißbach zum Hirschbichl

Die Seisenbergklamm (gebührenpflichtig), rund 600 Meter lang und das Highlight der Tour zum Hirschbichl, beginnt direkt am Ortsrand von Weißbach. Vorbei an der Bindermühle, führt der Weg zunächst durch die »Vorderklamm«, deren Talbereich schluchtartigen Charakter besitzt. Der gut ausgebaute Weg führt über Stufen, Treppen und Stege stetig bergauf. Schließlich wird die »Dunkelklamm« erreicht, die an ihrer engsten Stelle nur 80 Zentimeter breit ist. Seit dem Ende der letzten Eiszeit hat sich der Weißbach bis 50 Meter in den Dachsteinkalk eingetieft. Besonders beeindruckend sind die zahlreichen Erosionskolke, die teilweise die Größe von kleinen Hallen erreichen können. Weiter bachaufwärts wird die Klamm wieder etwas breiter und vorbei an einem Wasserfall führt der Weg schließlich aus dem Klammbereich hinaus. Von dort kann nach einem weiteren kurzen Aufstieg die Haltestelle »Gasthof Lohfeyer« des »AlmErlebnisBusses« erreicht werden.

Der Weg durch die Seisenbergklamm ist mit zahlreichen Informationstafeln ausgestattet, die auf Geologie, Flora und Fauna, Geschichte der Erschließung und mehr hinweisen. Für Kinder gibt es den »Klammausweis« mit Fragen, die anhand der Schautafeln beantwortet werden können, eine kleine Belohnung erwartet sie dafür am oberen Ende der Klamm.

Vom Gasthof Lohfeyer aus führt der Landschaftserlebnisweg weiter hinauf zum Hirschbichl. Zuerst nahezu eben durch Hintertal, dann mäßig steil zur Passhöhe (knapp 2 Stunden). Entlang des Weges sind verschiedene Erlebnisstationen eingerichtet, das Themenspektrum reicht dabei vom Niedermoor über den Bergwald bis hin zur mühseligen Arbeit der Bergbauern.

Abb. 149. *In der »Dunkelklamm«. Hier, an ihrer engsten Stelle, misst die Seisenbergklamm nur noch 80 Zentimeter, es dringt kaum mehr Licht ein. Beeindruckend an den Klammwänden sind Kolke in allen Größen (u. a. Vordergrund rechts).*

Abb. 150. Blick vom Naturerlebnisweg über Weißbach und das Saalachtal hinweg zu den Leoganger Steinbergen.

Abb. 151. Auf der Litzlalm (1560 m). Auf der Almfläche stehen neun Kaser (einschließlich einer Jausenstation). Von hier aus hat man einen herrlichen Blick auf die Reiter Alm (Hintergrund) und den Hochkalter.

Am Hirschbichl – Abstecher zur Litzlalm

Nahe der Passhöhe zweigen ein Fußweg und die Forstraße zur Litzlalm ab. Die Almfläche mit ihren Kasern kann zu Fuß in knapp einer ³/₄ Std. erreicht werden. Es bieten sich von dort herrliche Blicke auf die umgebende Bergwelt, insbesondere auf das Massiv des Hochkalters und die von ihm herabziehenden Hochtäler. Die Hochtäler sind nahezu parallel in Fallrichtung angeordnet und werden von Karen abgeschlossen. Folgt man weiter dem Weg zum Litzlkogel, so bietet der Böschungsanschnitt gute Aufschlüsse in den Roßfeldschichten. Über die gesamte Litzlalm stehen Roßfeldschichten an, sie erst ermöglichen durch ihre Verwitterung und ihre wasserstauenden Eigenschaften eine mächtigere Bodenentwicklung, die wiederum einhergehend mit entsprechender Vegetation almwirtschaftlich genutzt werden kann.

Wieder zurück am Hirschbichl: Reicht die Zeit noch für eine Brotzeit? Abstieg zu Fuß, mit dem Fahrrad oder mit dem »AlmErlebnisBus«? Das muss jede Besucherin und jeder Besucher für sich selbst entscheiden, ebenso wie die Gestaltung des gesamten Tages am Hirschbichl. Von der Ramsau bis nach Weißbach oder umgekehrt gibt es am Hirschbichl eine vielfältige und abwechslungsreiche Natur zu entdecken, die im Großen und Kleinen stetigen Veränderungen unterworfen ist.

Literatur

BAYERISCHES GEOLOGISCHES LANDESAMT (Hrsg.) 1998. Geologische Karte des Nationalparks Berchtesgaden 1 : 25000. – München (Bayer. Geol. Landesamt).

BRAUNSTINGL, R. (Koord.), G. PESTAL, E. HEJL, H. EGGER, D. V. HUSEN, M. LINNER, G. MANDL, M. MOSER, J. REITNER, C. RUPP & R. SCHUSTER. 2005. Geologische Karte von Salzburg 1 : 200000. – 1 Bl.; Wien (Geologische Bundesanstalt).

BRUGGER, W., H. DOPSCH & P. S. KRAMML. 1991. Geschichte von Berchtesgaden. – Bd. 1, 1117 S.; Berchtesgaden (Plenk).

GEMEINDE WEISSBACH. 2010. Ein Dorf geht seinen Weg. – Heimatbuch, sowie SCHMUCK, JAKOB, Ortschronist von Weißbach: Handschriftliche Aufzeichnungen 1996, 2007.

LANGENSCHEIDT, E. & A. STAHR. 2011. Berchtesgadener Land und Chiemgau – Eine Geschichte von Bergen, Tälern und Seen. – 199 S.; Heidelberg (Spektrum Akademischer Verlag).

PESTAL, G., E. HEJL, R. BRAUNSTINGL & R. SCHUSTER (Red.). 2009. Geologische Karte von Salzburg 1 : 200000. Erläuterungen. – 162 S.; Wien (Geologische Bundesanstalt).

Autoren und Herausgeber

GERHARD L. FASCHING, Brigadier i. R. (Brigadegeneral a. D.), Dr. phil. Berufsoffizier, zuletzt Leiter des Militärischen Geowesens im Bundesministerium für Landesverteidigung. Seit 1975 universitäre Forschungs- und Lehrtätigkeit (Angewandte Geographie, Sicherheitsgeowesen, Geoinformation und Kartographie). Dritte Berufskarriere als Ziviltechniker (Ingenieurkonsulent für Geographie) und Sachverständiger. E-Mail: Gerhard.Fasching@sbg.ac.at

ROLAND GIRTLER, Dr. Phil., a. o. Univ.-Prof. an der Universität Wien. Aufgewachsen als Sohn eines Landarztehepaares in Spital am Pyhrn unter Holzknechten, Sennerinnen, Wildschützen, Kleinbauern und anderem Volk. Feldforschungen u. a. in Bauerndörfern Gujarats (Indien), bei Wilderern, Vagabunden der Großstadt, bei Wiener Polizisten, Dirnen, Zuhältern, Schmugglern, Ganoven, Bauern, Kellnern, Tierärzten, Landlern in Siebenbürgen.

REINHARD GRABHER, Mag., Lehramtsstudium Deutsch/Geografie an der Universität Salzburg, seit 1990 beim ORF Landesstudio im Aktuellen Dienst als Moderator, Redakteur und Chef vom Dienst tätig; Buchautor:»2865 Tage. Der Fall Peter Heidegger«. E-Mail: grabher@utanet.at

JOHANN PETER GRUBER, Mag. Dr. rer. nat. kommt ursprünglich aus der Forstwirtschaft, arbeitet als Kustos am Botanischen Garten der Universität Salzburg (Fachbereich Organismische Biologie) sowie als Lektor. Er ist beteiligt an verschiedenen Forschungsprojekten in der Hochgebirgsforschung in Hochasien (Gebirgssteppen) und im Alpenraum (Biologische Bodenkrusten) und beschäftigt sich daneben auch mit Bryologie (Mooskunde). E-Mail: johann.gruber@sbg.ac.at

MARKUS HÄUPL, Mag. rer. nat., ist als Geograph Geschäftsführer der Firma GeoGlobe, die sich schwerpunktmäßig mit der Konzeption und Umsetzung geo- und ökotouristischer Projekte beschäftigt, und Lektor für Glazialmorphologie im Fachbereich Geographie und Geologie an der Universität Salzburg. E-Mail: markus.haeupl@geoglobe.at ; www.geoglobe.at

HERBERT HANDLECHNER ist Berufsunteroffizier und begeisterter Heimatforscher mit Schwerpunkt Schützenwesen und Rechtsgeschichte im Bereich des ehemaligen Pfleggerichtes Mattsee sowie Autor heimatkundlicher Beiträge. E-Mail: handlechner.herbert@a1.net

EWALD HEJL, Dr. phil., ist Privatdozent für Geologie. Als selbständiger Geologe ist er in der Kohlenwasserstoffexploration und im Tunnelbau tätig. Seine Forschungsschwerpunkte liegen in der geologischen Altersdatierung (Geochronologie) und Geomorphologie, sowie in der regionalen Geologie der Ostalpen, der Ägäis und Anatoliens.

CLEMENS M. HUTTER, Dr. phil., Diplomsportlehrer, war vor der Pensionierung Ressortchef Ausland bei den »Salzburger Nachrichten«, ist Autor von 45 Büchern mit Schwerpunkten Zeitgeschichte, Sozialgeschichte der Ostalpen und Alpinistik. Er arbeitete als Journalist sieben Jahre vorwiegend in Lateinamerika und im Nahen Osten. E-Mail: cmhutter@aon.at

HORST IBETSBERGER, Mag. Dr. rer. nat., ist als Geograph Geschäftsführer der Firma GeoGlobe, die sich schwerpunktmäßig mit der Konzeption und Umsetzung geo- und ökotouristischer Projekte beschäftigt, und Lektor für Glazialmorphologie im Fachbereich Geographie und Geologie an der Universität Salzburg. E-Mail: horst.ibetsberger@geoglobe.at ; www.geoglobe.at

EWALD LANGENSCHEIDT, Dr., Dipl.-Geol., Arbeitsschwerpunkt Nördliche Kalkalpen. Autor mehrerer Sachbücher. Planungsbüro Geo&Natur: Konzeption und Umsetzung naturwissenschaftlich orientierter Projekte für Tourismus und Marketing. E-Mail: geonatur@aol.com

JOSEF-MICHAEL SCHRAMM, Ao. Univ.-Prof. Dr. phil., studierte an der Universität Innsbruck und war am Fachbereich Geographie und Geologie der Universität Salzburg tätig. Er beschäftigt sich mit Technischer Geologie (Massenbewegungen in den Ostalpen im Himalaya, Straßen- und Kraftwerksbau), Militärgeologie und Geschichte der Erdwissenschaften. E-Mail: josef-michael.schramm@sbg.ac.at

LOTHAR SCHROTT, Univ.-Prof. Dr., ist Leiter der Arbeitsgruppe Geomorphologie und Umweltsysteme am Fachbereich Geographie und Geologie an der Universität Salzburg. Er beschäftigt sich mit geomorphologischen Prozessen im Hochgebirge (Europa, Rocky Mountains, Anden), besonders mit Sedimenthaushalt, Massenbewegungen und Permafrost. E-Mail: lothar.schrott@sbg.ac.at

HANS STEYRER, Ass. Univ.-Prof. Dr., studierte Bergbau an der Montanuniversität Leoben und Geologie an der Universität Salzburg und ist am Fachbereich Geographie und Geologie der Universität Salzburg tätig, wo er das Analoglabor leitet. Er ist Autor zahlreicher Exkursionsführer und stellte mehrere Reiseführer zusammen. E-Mail: hans-peter.steyrer@sbg.ac.at

HARALD WAITZBAUER, Dr, ist wissenschaftlicher Mitarbeiter im Salzburger Freilichtmuseum in Großgmain und Autor zahlreicher Publikationen zur Geschichte Salzburgs, Österreichs und Mitteleuropas.

JOHANNES THOMAS WEIDINGER, Mag. Dr. rer. nat., ist Universitäts-Lektor für Geologie und Physische Geographie an den Universitäten Wien, Salzburg und Leoben und arbeitet als freiberuflicher, beratender Geowissenschaftler in Gmunden am Traunsee. Er leitet das Institut für Erd- und Kulturgeschichtliche Dokumentation (Erkudok-Institut) in den Kammerhofmuseen Gmunden (www.k-hof.at). Sein wissenschaftliches Spezialgebiet sind gravitative Massenbewegungen, vorwiegend im Himalaya, aber auch in anderen Hochgebirgen der Erde. Maßgeblich war er auch an der Erforschung der 2007–2008 akut gewordenen Gschliefgraben-Rutschung beteiligt.

Abbildungsnachweis

Verzeichnis der im Buch genannten geografischen Namen